야구를 부탁해!

야구를 부탁해!

초판 1쇄 인쇄 | 2022년 4월 27일
초판 1쇄 발행 | 2022년 5월 4일

지은이 | 안경현·박종현
펴낸이 | 박영욱
펴낸곳 | 깊은나무

경영지원 | 서정희
편　집 | 고은경·장정희
마 케 팅 | 최석진
디 자 인 | 민영선·임진형
SNS마케팅 | 박현빈·박가빈

주　소 | 서울시 마포구 월드컵로 14길 62
이메일 | bookocean@naver.com
네이버포스트 | post.naver.com/bookocean
페이스북 | facebook.com/bookocean.book
인스타그램 | instagram.com/bookocean777
전　화 | 편집문의: 02-325-9172　영업문의: 02-322-6709
팩　스 | 02-3143-3964

출판신고번호 | 제 2013-000006호

ISBN 979-11-91979-14-5 (13690)

어서 와! 야구는 처음이지?

야구를 부탁해!

안경현 · 박종현 지음

깊은나무

머리말

우리의 야구는 치열하다

몇 년 전 방송 프로그램을 준비하고 있을 때의 일이다. "위원님 프로가 왜 타격을 다시 배워요? 이미 완성된 타격자세를 갖고 잘 치니까 프로가 된 거 아닌가요?" 〈베이스볼 S〉를 준비하던 프로듀서가 오늘의 키플레이어 타격자세를 분석하는 나에게 물었다. 완성된 타격자세를 갖고 자신의 능력을 증명하는 것이 프로가 해야 하는 일이 아니냐는 의미인 듯했다.

뭔가 대답을 하려다 나도 질문을 던졌다. "방송일 하시면서 새롭게 배우는 거 없으세요? 실수하거나 방송 사고가 나면 그 일로 뭔가 배우지 않나요?" 나의 반문에 프로듀서는 알겠다는 표정으로 고개를 끄덕였다. 방송은 단순하지 않다. 야구는 더 그렇다. 그러므로 끊임없이 배우고 교정하는 작업이 필요한 것이다.

프로야구는 더 복잡하다. 거액의 연봉을 받고 자신의 진가를 보여줘야 하는 프로선수들은 끊임없이 투구자세와 투구 메커니즘을 연구한다. 타자 역시 마찬가지다. 투구자세와 타격의 메커니즘, 그리고 상대 투수에 대해 분석하고 연구해야 한다.

KBO 리그에서 타자로 뛰었던 나는 프로 생활을 시작할 당시 타격이 쉽지 않았다. 연습할 때는 잘 맞는 거 같은데 막상 시합 때 타석에 서면 헛스윙 삼진 아니면 뜬공이었다. 수비는 슬럼프가 없었지만 타격은 슬럼프가 있었다. 그런 슬럼프를 겪으면서 나는 '프로야구' 선수 안경현이 아니라 '타자' 안경현으로서 나만의 타격 메커니즘을 만들어야겠다고 생각하게 되었다.

레전드의 야구엔 철학이 있다

리그를 대표하는 수많은 타자들은 자신만의 타격 철학이 있다. MLB 명예의 전당에 헌액된 로저스 혼스비(Rogers Hornsby)는 '좋은 공을 골라서 칠 것'을 강조했다. 야구 천재라는 별명을 가진 스즈키 이치로 선수는 '상대 투수의 가장 느린 볼을 노리고, 빠른 볼에 대응한다'는 철학을 가지고 타석에 들어섰다고 한다. 라이온 킹 이승엽 선수는 투수와 포수의 정식 거리의 절반 거리에 피칭머신을 두고 타격 연습을 했다고 한다. 짧아진 거리만큼 빨라진 공의 속도에 뇌를 적용하면서 자신만의 타격 메커니즘을 완성했다. 타격 메커니즘을 고민하는 타자와 마찬가지로 투수도 자신의 투구자세와 투구 패턴, 볼배합 등의 투구 메커니즘을 만들어간다. 그 치열한 고민을 통해서 세계적인 타자가 탄생하고 리그를 대표하는 투수가 만들어지는 것이다.

이 책은 그런 치열한 고민을 했던 선수들에 대한 기록과 그들의 이야기를 담고 있다. 야구 입문자 또는 야구를 좋아하지만 어떤 스포츠인지 잘 알지 못하는 사람들이 보면 유익할 내용으로 전반부를 구성했고, 후반부에는 알고 보면 더 재미있게 야구 중계를 즐길 수 있는 방법에 대해 설명했다. 아울러 더 좋은 성적을 내기 위해 치열하게 노력하는 '선수'들을 위한 수비와 타격에 대한 분석과 해석, 그리고 조언이 담겨 있다. 야구를 하는 100명의 선수가 있다면 그 100명은 체격과 스킬 그리고 능력치가 다 다르다. 하지만 안타깝게도 대부분의 선수는 비슷한 타격 이론을 배우고 있다. 고교 야구팀, 대학 야구팀의 타자 중 90% 이상은 프로에 진출하지 못한다. 노력과 타고난 능력만이 문제가 아니라, 선수 개인에게 맞지 않는 타격 이론 또한 선수의 성장을 방해하는 요인일 수 있다고 생각한다. 그리고 그런 생각 때문에 이 책을 쓰게 되었다.

단순한 공놀이인 야구가 아니라, 투수와 타자의 치열한 노력이 맞붙는 스포츠이자 많은 수 싸움이 오가는 지략의 스포츠인 야구의 매력을 좀 더 많은 사람이 알았으면 하는 마음으로 이 책을 시작한다.

4월의 봄날

안경현·박종현

차례

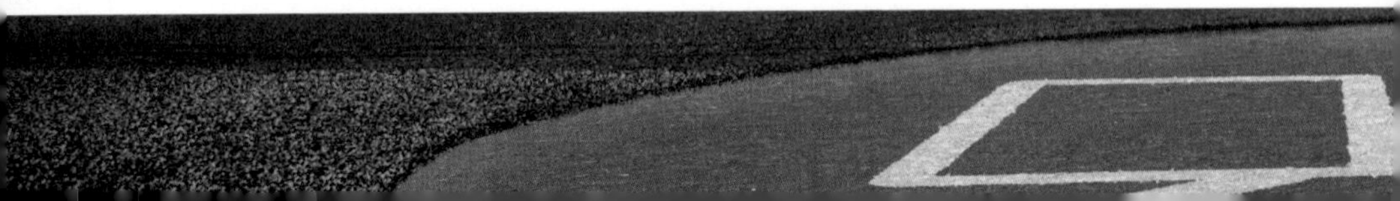

1
야구의 역사

야구야, 놀자

야구장에는 남녀노소 불문하고 가족, 친구, 연인, 지인들과 함께 간다. 그러나, 최근 몇 년 동안은 COVID-19로 인해 야구장 모습이 많이 달라졌다. 우리는 언제쯤 관중들이 꽉 찬 야구장을 다시 볼 수 있을까? 그럼에도 불구하고 야구는 여전히 많은 팬들에게 사랑을 받고 있고 야구장에 다시 갈 수 있는 날만을 기다리고 있다.

야구 팬들의 수준이 높아짐에 따라 개인적으로 기록, 분석을 하는 시대가 되었다. 하지만 여전히 기본 규칙과 용어들을 모른 채 야구를 관람하는 팬들도 존재한다. 단순히 응원하는 것이 재미있어서 또는 주변 사람들이 야구를 많이 보니까 따라서 같이 보는

| 미국 ESPN에서 KBO 리그를 중계하는 모습 |

정도다.

바둑과 유일하게 복기가 가능한 스포츠인 야구는 다른 구기 종목과 다른 몇 가지 특성이 있다. 유일하게 타자가 집(home)에 들어와야만 득점으로 인정되고, 시간 제한이 있지 않으며, 27명의 타자가 아웃되어야만 경기가 끝난다. 따라서 9회 투아웃 주자가 없는 상황에서도 역전승이 가능하기 때문에 긴장을 늦출 수가 없다. '각본 없는 드라마'라는 말이 있는데 이것은 야구에서 나온 말이다. 여백의 묘미 또한 크다. 볼 데드 상황이나 이닝이나 투수가 교체될 때 그리고 볼카운트에 따라 시간적 여유가 있어, 팬들도 감독 또는 코치, 선수의 입장에서 작전을 구상해 볼 수 있고 주변 사람들과 이야기를 나누면서 관전할 수 있는 매력이 있다.

방송사는 이 여백의 시간 동안 광고를 팔고, 과거 경기인 플래시백을 송출해 시청자들에게 추억과 즐거움을 선사한다. 경기장의 관중은 전광판 등을 보며 선수의 기록들을 확인하고 분석한다. 최근엔 구단에서 댄스 배틀이나 함께 하는 응원 문화 등 다양한 이벤트를 벌여 팬들을 즐겁게 하고 있다.

한국 프로야구의 특징

한·미·일 야구를 통틀어 한국 프로야구만이 갖는 가장 큰 특징이자 장점은 '응원 문화'다.

한국 프로야구의 응원 문화는 해외에서도 관심을 보이고 있다.

지난 2017년 메이저리그가 있는 미국 대표 방송사인 CNN은 사직구장을 홈으로 쓰는 롯데 자이언츠의 응원 문화에 큰 관심을 나타내며 직접 부산을 찾아온 적이 있다.

CNN은 야구에 열광하는 부산 시민들과 사직구장에서 응원하는 관중들의 모습을 영상에 담았고, 해외 야구팬들에겐 다소 생소한 응원 문화에 동영상 조회수는 50만 건에 달했으며, 댓글에는 긍정적인 반응이 줄을 이었다.

그리고 CPBL 리그가 있는 대만에는 롯데의 응원 문화를 벤치마킹한 구단도 존재한다.

대만의 라미고 몽키스는 지난 2012년 아시안 시리즈에서 롯데의 응원 문화를 처음 접했고, 이에 영감을 받았다. 이후 라미고 구단은 여러 차례 부산을 방문하며 이를 벤치마킹하기 위해 많은 노력을 기울였다.

미국, 일본 등 어느 나라 팬도 우리나라 팬처럼 야구장에서 함께 목이 터져라 노래를 하진 않는다.

이처럼 한국 프로야구는 친구, 연인, 가족들이 함께 즐기는 놀이마당으로 변했다. 물론 COVID-19가 발생하기 전까지는 말이다.

야구는 좋아하는 팀이나 선수가 있으면 더욱 재미있고 즐겁게 관람할 수 있으며, 야구장에 갈 수 없다고 해도 좋아하는 선수의 성적을 실시간으로 확인할 수 있기에 흐름을 따라갈 수 있는 독특한 매력이 있다.

2021년 KT 위즈가 창단 후 첫 우승을 하고 시즌 종료 후 대형 FA 계약이 나옴에 따라 2022년 KBO 리그는 지난 해보다 한층 흥미를 더할 전망이다. 아시안 게임이 있지만 휴식 기간 없이 팀당 144경기가 진행되고, 10개 팀 중 5개 팀에게 포스트시즌 진출권이 주어진다. 4위 팀은 5위 팀보다 유리한 입장에서 와일드카드 결정전을 펼치게 된다. (1승을 먼저 얻은 상태에서 홈 2경기 중 1경기에서 무승부를 거두거나 승리하면 된다.)

이에 따라 정규시즌 성적이 포스트시즌 결과에도 큰 영향을 미치게 되어 더욱 재미를 더해 줄 것으로 기대된다. 무엇보다 관심을 끄는 것은 대형 FA들의 재계약과 이적 그리고 메이저리그에서 돌아온 양현종 선수의 복귀이다.

어느 해보다 흥미로운 대결이 될 것으로 기대된다.

먼저 양현종 선수의 복귀는 매우 반갑다. 선수 입장에서 메이저리그에서는 실패했지만 여전히 KBO 리그를 대표하는 에이스이다. KIA 입장에서는 천군만마를 얻은 셈이다. 또한 KIA는 마산 아이돌 나성범 선수를 FA로 영입하면서 단숨에 포스트시즌 진출 내지는 우승까지 도전할 수 있는 전력을 갖췄다. 김광현 선수가 복귀한 SSG 역시 중위권 후보에서 단숨에 우승 후보로 등극했다.

NC 다이노스는 나성범 선수가 KIA로 이적했지만 두산에서 박건우 선수와 롯데 자이언츠에서 손아섭 선수를 영입해 빈자리를 최소화 했다. LG는 팀 내 대표 선수인 김현수를 잡는 데 성공했고, 한화 역시 주전 안방마님 최재훈 선수와 재계약 하는 데 성공했다. 두산 역시 팀의 4번 타자인 김재환 선수와의 재계약을 이끌어냈으며, 삼성은 지난해 에이스로 거듭난 백정현 선수와 주전 안방마님 강민호 선수를 FA로 잡는 데 성공했다.

한국 야구의 역사와 프로야구

한국에서의 야구는 대한제국 시기인 1905년 미국인 선교사들에 의해 소개되었고, 그 후 점차 두각을 나타내게 되었다. 1945년

제2차 세계대전과 1950년부터 1953년까지 계속된 한국전쟁의 여파로 한반도가 남한과 북한으로 분단된 후, 야구는 한국에서 가장 인기 있는 스포츠 중 하나가 되었다.

1896년, 미국 해병대는 미국 주재원 팀과 서울 체육 클럽을 상대로 이미 경기를 했었다. 그 후 1921년 12월, 미국 메이저리그 선수들로 구성된 팀이 아시아 투어 도중 서울에 들렀고, 그들과 경기를 하기 위해 한국은 부랴부랴 팀을 만들었다. 결과는 23-3 한국팀의 대패로 끝났다.

이후 1927년부터 1942년까지 한국의 여러 도시들도 일본 시외 야구 대회에 참가하였는데, 1940년과 1942년 서울이 각각 다롄과 오사카의 팀을 꺾고 우승을 했다.

이렇게 한국에서의 야구가 첫 걸음마를 하게 되었다.

프로야구 출범

한국 프로야구는 1982년 출범했다. '어린이들에게 꿈을, 젊은이에게 낭만을'이라는 캐치프레이즈를 내걸고 한국 프로야구의 역사가 시작되었다. 이후 한국 프로야구는 여느 나라 부럽지 않은 실력 향상과 더불어 큰 인기를 얻었다.

1981년 가을부터 창설 준비를 시작한 한국 프로야구는 서울의 MBC 청룡, 부산의 롯데 자이언츠, 대구의 삼성 라이온즈, 대전의

OB 베어스, 광주의 해태 타이거즈, 인천의 삼미 슈퍼스타즈 등 모두 여섯 개 팀으로 출발했다.

1982년 3월 27일, 동대문야구장에서 MBC 청룡과 삼성 라이온즈의 개막전이 펼쳐졌다.

그리고 원년 우승은 OB 베어스가 차지했다. 이해 박철순 선수는 4월 10일 해태전을 시작으로 9월 18일 롯데전까지 161일 동안 30경기에 등판해 22연승을 구가하며 단일 시즌 연승 세계 신기록을 세웠다.

OB는 당시 대전이 연고지였으나, 1985년 서울로 옮겼다. 그리고 같은 해 후기 리그부터 인천이 연고지인 팀 삼미 슈퍼스타즈가 청보 핀토스로 넘어갔고, 하위권에 머물던 청보는 1988년 태평양이 팀을 인수해 태평양 돌핀스가 되었다. 또한 1995년 현대가 팀을 인수하여 현대 유니콘스가 되었으나, 현대마저도 팀을 해체하였고 2008년 센테니얼 인베스트먼트가 제8구단으로 창단, 넥센 히어로즈가 되었다. 이후 키움증권에 명칭권이 매각되어 현재 키움 히어로즈로 불리고 있다.

6개 팀으로 이어오던 프로야구는 1986년 빙그레 이글스가 대전, 충남, 충북을 연고지로 출범함으로써 총 7개 팀이 되었다. 1990년에는 MBC 청룡을 LG가 인수해 LG 트윈스가 됐다.

1991년 전북 연고의 쌍방울 레이더스가 프로무대에 진출함으로써 프로야구는 8개 구단으로 늘어났으며, 1994년엔 빙그레 이글스가 한화 이글스로 이름을 바꾸었고, 1999년엔 OB 베어스가 두산 베어스로 개명했다.

2000년 쌍방울 레이더스가 팀을 해체한 후 SK가 인수, SK 와이번스가 되었으며, 2021년 신세계 그룹이 SK 와이번스를 인수함에 따라 SSG 랜더스가 되었다. 2001년엔 해태 타이거즈를 KIA가 인수하여 KIA 타이거즈가 되었다.

그리고 지난 2011년 창원시를 연고지로 한 NC 다이노스가 9번째 구단으로 창단했다. 또한 2013년 수원을 연고로 하는 KT 위즈가 10번째 구단으로 탄생하여 2021년 창단 첫 우승의 기쁨을 누렸다.

독자들도 각자 좋아하는 팀과 좋아하는 선수가 있을 것이다. 야구장에 가기 전이나 TV로 야구를 시청하기 전에 기본 규칙과 용어에 대해서 알아보고, 잘못 알고 있는 야구 지식을 정확히 바로잡고 이해한다면 좀 더 색다른 재미를 느낄 수 있을 것이다.

간추린 프로야구 40년 역사

1982년

감독 겸 선수로 지금까지도 유일무이한 4할 타율(.412)을 기록한 백인천 선수, 22연승을 거둔 박철순 선수가 가장 돋보인 한 해였다.

역사상 첫번째 한국시리즈는 OB 베어스와 삼성 라이온즈가 맞붙었는데 에이스 박철순 선수를 앞세운 OB 베어스가 초대 챔피언을 차지했다.

1983년

시즌 중반 교통사고에도 불구하고 복귀 후 맹타를 휘두른 김봉연 선수, 30승을 거두며 삼미 슈퍼스타즈의 봄날을 이끌었던 장명부 선수가 있었다.

그 해 한국시리즈는 해태 타이거즈와 MBC 청룡이 만났는데, 해태 타이거즈가 구단 첫 우승을 가져갔다.

1984년

타자와 투수 각 부문에서 군계일학과 같은 일문들이 나왔는데, 타자 최초로 타율, 홈런, 타점 3관왕을 거둔 헐크 이만수 선수와 한국시리즈에서 홀로 4승을 거둔 무쇠팔 최동원 선수가 그 주인공이었다.

이만수 선수의 삼성 라이온즈와 최동원 선수의 롯데 자이언츠가 만난 한국시리즈는 최동원 선수가 홀로 팀을 하드캐리하여 롯데에게 우승을 가져다 주었다.

1985년

OB 베어스는 3년 동안 충청도에 있다가 서울로 연고지를 옮겼다.

또한 처음으로 프로야구 구단이 인수되었는데 삼미 슈퍼스타즈가 청보그룹에 인수되어 청보 핀토스로 변경되었다.

사실상 25승을 거둔 선발 듀오 김시진·김일융 선수의 한 해였는데, 절치부심한 삼성 라이온즈가 전기리그와 후기리그 모두 1위를 기록하며 한국시리즈 없이 통합우승이라는 대기록이 나오기도 했다.

1986년

제7구단 빙그레 이글스가 OB 베어스의 이전으로 공석이 된 대전을 연고지로 하게 되었다.

선동열 선수가 투수 최초로 다승, 평균자책점, 탈삼진 1위를 기록했는데, 이후 그는 1985~1991년까지 7년 연속 평균자책점 1위를 차지하며 국보급 투수에 올랐다.

한국시리즈는 삼성 라이온즈와 해태 타이거즈가 만났고, 해태 타이거즈가 승리하며 타이거즈 왕조의 서막을 열게 되었다.

1987년

장효조 선수가 3년 연속 타격 1위에 오르며 타격의 달인으로 불리게 되었는데, 오죽하면 "장효조가 치지 않으면 볼이다"라는 말이 나올 정도였다.

한국시리즈는 팀 타율 3할을 기록하며, 압도적인 1위를 차지한 삼성과 해태가 또 만나게 되었다. 삼성은 해태와의 리벤지 매치에서 패배하며, 1987년 우승도 해태가 차지하게 되었다.

프로야구 역대 최고의 라이벌 최동원, 선동열 선수의 마지막 승부를 언급하지 않을 수가 없다. 경남고-연세대를 졸업, 영남을 대표하는 무쇠팔 최동원 선수와 광주일고-고려대를 졸업, 호남을 대표하는 무등산 폭격기 선동열 선수는 사이좋게 1승씩 나눠가진 상황에서 1987년 5월 16일 역사에 길이 남을 대결을 펼쳤다.

최동원 선수 209개, 선동열 선수 232개의 공을 던지며 연장 15회 2:2로 승부를 가리지 못했다.

1988년

KBO 리그에 두 번째 구단 인수가 발생했다. 1985년 삼미 슈퍼스타즈를 인수한 청보 핀토스가 태평양 그룹에 인수되어 태평양 돌핀스로 변경되었다.

김성한 선수가 프로야구 최초로 30홈런 고지를 정복하였고, 2년 연속 우승의 해태와 창단 3년 만에 결승무대에 오른 신흥 강호 빙그레가 만난 한국시리즈는 해태 타이거즈의 3연속 우승으로 끝을 맺었다.

1989년

빙그레는 한 번 터지면 멈출 줄 모르는 다이너마이트 타선으로 인기를 끌었다. 절치부심하여 정규시즌 1위를 차지한 빙그레는 한국시리즈에서 해태에게 복수를 다짐하였지만 해태가 또 승리를 거두면서 4년 연속 우승이라는 금자탑을 쌓게 되었다.

1990년

1990년대에 들어선 프로야구는 초창기 프로야구 출범을 이끈 MBC 청룡이 LG에 인수되어 LG 트윈스로 바뀌게 되었고, LG 트윈스는 기존 MBC 청룡의 연고지인 서울을 그대로 이어받았다. LG는 MBC 때부터 팀을 이끈 김용수 선수가 팀의 1선발로 맹활약한 해였다. 창단 첫 해 한국시리즈에 오른 LG, 해태가 없는 해가 우승의 적기라고 여긴 삼성이 만난 한국시리즈는 LG 트윈스가 깜짝 우승을 차지하며 서울 팬들에게 첫 우승을 안겨주었다.

1991년

쌍방울 레이더스가 창단하며 8개 구단 시대를 맞이하였고, 전라북도 전주를 연고지로 삼게 되었다. 해태 왕조를 이끈 두 영웅, 이순철, 한대화 선수가 맹활약한 이 해에는 해태의 아성에 다시 한번 빙그레가 도전장을 던졌다. 그럼에도 불구하고 탄탄한 전력을 자랑한 해태 타이거즈가 왕좌를 차지하게 되었다.

1992년

KBO 최초 40홈런을 달성한 장종훈, 선동열 선수의 8년 연속 평균자책점 1위를 저지한 고졸 신인 염종석 선수가 빛났던 해였다. 다이너마이트 타선이 절정을 이루며 압도적으로 1992년을 지배한 빙그레와 수많은 안타를 때려내며 소총 부대의 면모를 보인 롯데가 만난 한국시리즈는 해태 타이거즈가 없는 틈을 타 한국시리즈 우승을 노린 빙그레가 롯데에게 덜미를 잡히며 씁쓸한 준우승에 그치게 되었다.

1993년

데뷔 첫 해 타격 1위에 오르며 신인왕을 차지한 양준혁 선수와 한국시리즈에서 맹활약한 이종범 선수, 두 신인의 2파전이었다. 이후 한국 야구계에서 양신, 종범신으로 불리게 된 두 라이벌의 한국시리즈 대결은 우승 DNA를 장착한 해태 타이거즈가 승리하며 막을 내렸다.

1994년

모그룹을 부각시키고자 준우승만 3년 한 빙그레가 한화 이글스로 개명되었고, LG 트윈스의 신인 3인방이 센세이션을 일으킨 한 해였다. 신인 3인방이 이끈 타선과 노련한 투수진의 LG 트윈스, 인천 연고지 팀 최초로 한국시리즈에 오른 태평양 돌핀스가 만난 한국시리즈는 압도적인 전력과 충분한 휴식을 취한 LG 트윈스가 2번째 우승을 차지했다.

1995년

가장 넓은 잠실구장에서 최초로 홈런왕을 차지한 김상호 선수가 돋보였고, OB 베어스와 롯데 자이언츠가 만난 한국시리즈는 잠실 홈런왕 김상호 선수를 앞세운 OB 베어스가 통산 두 번째 우승을 차지했다.

1996년

인천에서 4번째 팀 변경이 있었다. 태평양 돌핀스가 현대그룹에 인수되면서 현대 유니콘스로 바뀌게 되었다. 앞서 말한 것처럼 태평양 돌핀스의 자리는 현대 유니콘스가 이어갔고, 데뷔 시즌에 홈런왕, 타점왕 그리고 한국 최초 30홈런 30도루를 기록한 박재홍 선수가 세간의 이목을 집중시킨 한 해였다. KBO를 지배한 해태와, 창단하자마자 한국시리즈에 오른 현대가 만난 한국시리즈는 해태가 통산 8번째 우승을 차지하며 마무리되었다.

1997년

김기태 선수가 타격왕을 차지하며 쌍방울의 돌풍을 이끌었고, 해태와 LG가 만난 한국시리즈는 해태가 통산 9번째 우승을 차지하며 최다 우승팀의 면모를 보여줬다.

그러나 1983년부터 시작된 해태 타이거즈 왕조는 이 해 우승을 끝으로 막을 내리게 되었다.

1998년

프로야구의 한 획을 그은 외국인 선수 제도가 도입되었다. 타이론 우즈 선수는 장종훈(41홈런) 선수를 넘어서는 42개의 홈런을 쳐내며 국내 프로야구에 새 바람을 일으켰다. 재정난으로 무너진

해태의 왕조를 노리는 현대와 LG가 만난 한국시리즈는 현대 유니콘스가 첫 우승을 차지하며 새로운 왕조의 시작을 알렸다.

1999년

모그룹을 부각시키고자 OB 베어스가 두산 베어스로 개명하였다. 20세기 마지막 해는 한화 이글스의 외국인 타자 제이 데이비스 선수와 댄 로마이어 선수가 가장 빛났는데, 한화 이글스와 롯데 자이언츠가 만난 한국시리즈는 한화 이글스가 창단 첫 우승을 거머쥐게 되었다.

21세기에 들어선 프로야구는 큰 변화의 바람이 불었는데 현대 유니콘스가 연고지를 서울로 옮기고자 시도했지만 상황이 여의치 않아 수원으로 이동하게 되었고, 전주의 쌍방울 레이더스는 경영난으로 해체되어 SK가 쌍방울 선수들을 흡수하여 비어 있는 인천에 들어서게 되었다. 이때부터 현대는 인천 야구팬들의 따가운 눈총을 받게 되었다.

2000년

현대의 1, 2, 3선발 정민태, 임선동, 김수경 선수 모두 18승을 기록하며 공동 다승왕 3명이 배출되는 진기록이 나왔다. 3명의 선발투수로 정규시즌을 압도한 현대와 탄탄한 타선을 보유한 두산의

21세기 첫 한국시리즈는 현대 유니콘스가 차지하게 되었다.

모기업의 재정난으로 왕좌를 내려놓은 해태는 결국 KIA에 매각되는데, 해태 타이거즈의 유산은 그대로 KIA 타이거즈가 물려받게 되었다.

2001년

두산의 우동수 트리오(타이론 우즈-김동주-심정수 선수)가 곰과 같은 괴력을 선보였다. 한국시리즈 7수생 삼성과 우동수 트리오를 앞세운 두산이 만난 한국시리즈는 두산이 삼성에게 승리를 거두며 삼성에게 한국시리즈 8수를 안겨주었다.

2002년

구단 내부적으로 우승의 해로 삼을 만큼 전의를 불태운 삼성은 이마양 트리오(이승엽-마해영-양준혁 선수)를 앞세워 정규시즌을 초토화시켰다. 삼성과 LG, 두 재계 라이벌이 만난 한국시리즈는 이승엽, 마해영 선수의 연이은 홈런 2방으로 삼성 라이온즈가 7전 8기만에 한국시리즈 우승을 차지했다.

2003년

이승엽 선수가 아시아 최다 홈런을 기록한 해였다. 특히 그는 홈런에 있어서 대한민국 역대 최고의 타자로 불리며, 국가대표 경기에서 중요한 순간마다 한 방을 쳐준 국민타자로 여전히 기억되고 있다. 인천을 떠난 현대와 인천을 품고 창단 첫 한국시리즈에 진출한 SK의 대결은 현대가 왕좌를 지켜내게 되었다.

2004년

현대의 두 기둥 클리프 브룸바, 조용준 선수와 삼성 푸른피의 에이스 배영수 선수가 돋보였던 한 해다. 우승 전력을 갖춘 현대와 2002년의 기억을 이어가고픈 삼성의 한국시리즈 맞대결은 현대 유니콘스 왕조의 마지막이자 4번째 우승으로 마침표를 찍었다.

2005년

DTD 이론의 희생양으로 가을 야구에 가지 못한 손민한 선수와 데뷔 첫 해부터 돌직구를 꽂아 넣으며 신인왕을 수상한 오승환 선수의 활약이 빛났다. 삼성 라이온즈와 두산 베어스가 맞붙은 한국시리즈는 신예 오승환 선수의 힘 있는 피칭으로 삼성 라이온즈가 우승을 거두게 되었다.

2006년

한화에 고졸 신인으로 다승, 평균자책점, 탈삼진 3관왕의 괴물 류현진 선수가 등장했다. 전년 우승팀 삼성과 신예 류현진 선수를 앞세운 한화의 한국시리즈는 이제는 준우승 포비아에서 벗어난 삼성이 2연패를 차지하게 되었다.

2007년

프로야구의 3번째 왕조가 등장한 시점이다. 투수 교체를 빨리 가져가며 여러 투수들을 운용하는 벌떼 야구의 SK 와이번스가 그 주인공이다.

창단 첫 우승을 노리는 SK와 개명 후 첫 우승을 노리는 두산이 만난 한국시리즈는 SK 와이번스의 창단 첫 우승으로 이어졌다.

2007년 시즌 종료 후 모그룹의 자금 악화로 현대 유니콘스가 해체되는데, KBO 최초로 모그룹 없이 야구단이 기업 자체인 히어로즈가 창단되었다. 히어로즈는 특이하게 구단 이름을 파는 네이밍 스폰서로 구단을 운영하였는데, 수원의 현대 유니콘스가 해체되고 우리 히어로즈가 서울의 3번째 구단으로 진입하며 8개 구단 체제를 유지하게 되었다.

2008년

향후 10년간 SK를 이끌 두 선수 김광현, 최정 선수가 두각을 나타내기 시작한 해였다.

2년 연속 한국시리즈에서 SK를 만난 두산은 잔뜩 벼르고 나왔는데, 승리의 여신은 이번에도 SK의 손을 들어주었다.

2009년

메이저리그 출신 최희섭 선수와 트레이드 된 후 괴물 같은 활약으로 MVP까지 받은 김상현 선수, 일명 CK포가 가장 인상 깊은 활약을 펼쳤다. KIA 타이거즈가 된 후 첫 우승 도전의 KIA와 3연속 우승을 노린 SK의 한국시리즈는 KIA의 첫 번째이자, 타이거즈의 통산 10번째 우승으로 기록되었다.

2010년

롯데 자이언츠의 홍대갈 트리오(홍성흔-이대호-가르시아 선수)의 방망이가 활활 타올랐는데, 특히 이대호 선수는 타자 7개 부분 1위를 기록하는 엽기적인 한 해를 보냈다.

왕조를 형성한 SK와 새로운 왕조를 준비하는 삼성이 만난 한국시리즈는 SK의 승리로 끝났다. SK 왕조는 4년간 우승 3번, 준우승 1번이라는 프로야구 역사의 신기원을 기록했다.

2011년

삼성의 철벽 불펜진이 완성된 시점으로 7회 리드시 130연승을 달리는 등 삼성은 앞서고 있는 경기는 결코 지지 않을 포스를 뿜어냈다.

한국시리즈에서는 전년과 완전 반대의 상황으로 전개되었고, 삼성 라이온즈가 우승을 차지하며 새로운 왕조의 시작을 알렸다.

2012년

일본에서 돌아오자마자 타격왕을 차지한 김태균 선수가 눈에 띈 한 해였고, 2011년과 동일한 조건으로 맞이한 한국시리즈 리벤치 매치에서는 삼성 라이온즈가 2연패를 당했다.

2013년

게임회사 NC 소프트가 만든 NC 다이노스가 1군 무대에 등장했는데, NC 다이노스는 프로야구 최초로 경상남도 창원을 연고지로 삼았다.

LG의 이병규 선수는 마지막 불꽃을 태우며 타격왕을 차지했는데, 이후 KBO의 타격 부문은 젊은 선수들로 세대교체가 이루어졌다.

왕조를 이룬 삼성과 도전자 두산의 한국시리즈는 삼성이 3연패를 차지하며 KBO 리그의 최강자가 누구인지 보여줬다.

2014년

넥센 히어로즈가 MVP 후보만 4명을 배출시켰다. 해태에 이어 4연속 우승을 노리는 삼성과 넥벤져스를 앞세워 강력한 도전장을 내민 넥센의 한국시리즈 한 판 승부는 삼성 라이온즈의 4연속 우승으로 마무리되었다.

2015년

KT 위즈의 1군 무대 합류로 10개 구단 시대를 열게 되었고, KT 위즈는 현대 유니콘스 해체 이후 8년 만에 수원을 연고지로 자리 잡게 되었다.

프로야구 최초 40-40 클럽에 가입한 NC의 에릭 테임즈 선수가 가장 돋보였고, 5연속 우승을 노린 삼성과 두산의 한국시리즈는 전력의 열세를 뒤엎고 승리를 거둔 두산이 '미라클 두산'으로 기억된다.

2011년부터 2014년까지 이어진 삼성 왕조의 몰락은 갑작스러웠는데, 해외 원정 도박 혐의를 받은 주축 선수들이 한국시리즈에서 빠지며 5연속 우승에 실패했고, 이 충격의 여파로 2020년까지 가을 야구에 진출하지 못하면서 하위권에 머무르게 되었다.

2016년

역대 가장 압도적인 선발진으로 손꼽히는 판타스틱 4가 출현했다. 판타스틱 4의 두산과 나테박이(나성범-테임즈-박석민-이호준 선수)의 NC가 정면충돌한 한국시리즈는 두산 베어스의 2연속 우승으로 끝을 맺었다.

2017년

동반 20승의 양현종 선수와 헥터 노에시 선수가 리그를 쥐락펴락했는데, 8년 만에 한국시리즈 왕좌에 도전하는 KIA와 새로운 왕조를 노리는 두산의 대결은 양현종, 헥터 원 투 펀치의 KIA가 승리를 거두게 되었다.

2018년

타고투저의 정점을 찍은 해로 SK가 팀 최다 홈런을 기록했다. 정규시즌 내내 압도적인 모습을 보인 두산과 홈런군단 SK의 한국시리즈는 SK가 승리하며 8년 만에 우승컵을 인천으로 다시 가져오게 되었다.

2019년

넥센에서 키움으로 히어로즈의 스폰서가 바뀌었고, 두산의 조쉬 린드블럼 선수는 20승 투수가 되었다.

두산과 키움이 만난 한국시리즈는 두산의 압도적인 우세로 시리즈를 스윕하였다.

2020년

라울 알칸타라 선수가 20승을 하며 2년 연속 20승 투수를 배출한 두산과 나성범, 양의지, 애런 알테어 선수가 나란히 30홈런을 기록한 NC 다이노스가 돋보였다.

두 팀은 나란히 한국시리즈에서 만나 패권을 다퉜고, 결국 NC가 창단 첫 우승을 거머쥐었다.

2021년

막내 구단 KT 위즈와 역대 한시즌 최다 탈삼진을 경신한 두산의 아리엘 미란다 선수가 가장 큰 주목을 받은 해였다. KT는 1위 결정전까지 가는 접전 끝에 한국시리즈에 직행하였고, 두산은 포스트시즌에서 반전의 모습들을 보여줬다. 두 팀의 한국시리즈는 KT가 압도적인 선발진을 내세워 창단 첫 우승을 차지했다.

〈역대 한국시리즈 결과〉

연도	우승팀	감독	경기 결과	승패 현황	준우승팀	감독	시리즈 MVP
1982	OB	김영덕	4－1 (1)	△XOOOO	삼성	서영무	김유동 (OB, 외야수)
1983	해태	김응용	4－0 (1)	OOO△O	MBC	김동엽	김봉연 (해태, 내야수)
1984	롯데	강병철	4－3	OXOXXOO	삼성	김영덕	유두열 (롯데, 외야수)
1985	삼성	김영덕	통합 우승으로 시리즈 취소	롯데	강병철	–	–
1986	해태	김응용	4－1	OXOOO	삼성	김영덕	김정수 (해태, 투수)
1987	해태	김응용	4－0	OOOO	삼성	박영길	김준환 (해태, 외야수)
1988	해태	김응용	4－2	OOOXXO	빙그레	김영덕	문희수 (해태, 투수)
1989	해태	김응용	4－1	XOOOO	빙그레	김영덕	박철우 (해태, 내야수)
1990	LG	백인천	4－0	OOOO	삼성	정동진	김용수 (LG, 투수)
1991	해태	김응용	4－0	OOOO	빙그레	김영덕	장채근 (해태, 포수)
1992	롯데	강병철	4－1	OOXOO	빙그레	김영덕	박동희 (롯데, 투수)
1993	해태	김응용	4－2 (1)	OX△ XOOO	삼성	우용득	이종범 (해태, 내야수)
1994	LG	이광환	4－0	OOOO	태평양	정동진	김용수 (LG, 투수)
1995	OB	김인식	4－3	XOOXXOO	롯데	김용희	김민호 (OB, 내야수)
1996	해태	김응용	4－2	OXOXOO	현대	김재박	이강철 (해태, 투수)
1997	해태	김응용	4－1	OXOOO	LG	천보성	이종범 (해태, 내야수)
1998	현대	김재박	4－2	OOXOXO	LG	천보성	정민태 (현대, 투수)
1999	한화	이희수	4－1	OOXOO	롯데	김명성	구대성 (한화, 투수)
2000	현대	김재박	4－3	OOOXXXO	두산	김인식	톰 퀸란 (현대, 내야수)
2001	두산	김인식	4－2	XOOOXO	삼성	김응용	우즈 (두산, 내야수)
2002	삼성	김응용	4－2	OXOOXO	LG	김성근	마해영 (삼성, 외야수)
2003	현대	김재박	4－3	OXXOOXO	SK	조범현	정민태 (현대, 투수)
2004	현대	김재박	4－2 (3)	O△X△OX △OO	삼성	김응용	조용준 (현대, 투수)

2005	삼성	선동열	4-0	OOOO	두산	김경문	오승환 (삼성, 투수)
2006	삼성	선동열	4-1 (1)	OXOO△O	한화	김인식	박진만 (삼성,내야수)
2007	SK	김성근	4-2	XXOOOO	두산	김경문	김재현 (SK, 외야수)
2008	SK	김성근	4-1	XOOOO	두산	김경문	최정 (SK, 내야수)
2009	KIA	조범현	4-3	OOXXOXO	SK	김성근	나지완 (KIA, 외야수)
2010	SK	김성근	4-0	OOOO	삼성	선동열	박정권 (SK, 내야수)
2011	삼성	류중일	4-1	OOXOO	SK	이만수	오승환 (삼성, 투수)
2012	삼성	류중일	4-2	OOXXOO	SK	이만수	이승엽 (삼성, 내야수)
2013	삼성	류중일	4-3	XXOXOOO	두산	김진욱	박한이 (삼성, 외야수)
2014	삼성	류중일	4-2	XOOXOO	넥센	염경엽	나바로 (삼성, 내야수)
2015	두산	김태형	4-1	XOOOO	삼성	류중일	정수빈 (두산, 외야수)
2016	두산	김태형	4-0	OOOO	NC	김경문	양의지 (두산, 포수)
2017	KIA	김기태	4-1	XOOOO	두산	김태형	양현종 (KIA, 투수)
2018	SK	트레이 힐만	4-2	OXOXOO	두산	김태형	한동민 (SK, 외야수)
2019	두산	김태형	4-0	OOOO	키움	장정석	오재일 (두산, 내야수)
2020	NC	이동욱	4-2	OXXOOO	두산	김태형	양의지 (NC, 포수)
2021	KT	이강철	4-0	OOOO	두산	김태형	박경수 (KT, 내야수)

★2021시즌 돌아보기★

KT 위즈

KT 위즈 2021년 성적			
정규시즌	포스트시즌	주요 투수	주요 타자
76승 59패 9무 .563 1위	한국시리즈 우승	윌리엄 쿠에바스, 오드리사머 데스파이네, 고영표	강백호, 황재균, 박경수

더 이상 신생팀, 막내 구단이 아니다. KT 위즈는 지난해 두산 베어스와의 한국시리즈에서 우승을 하며 1군 무대 데뷔 7년 만에 정상에 등극했다.

이 기록은 프로야구 원년 제외 신생팀 중 최단기간 우승이다.

우선 선발진은 데스파이네와 쿠에바스가 원 투 펀치 역할을 해주었고 기존의 배제성, 소형준 선수 그리고 군에서 돌아온 고영표

선수가 그 뒤를 받쳐주었다.

오드리사머 데스파이네 선수는 12승 3.39의 평균자책점으로 1선발다운 모습을 보여줬고, 윌리엄 쿠에바스 선수는 팀이 가장 중요한 시즌 막바지에 위력적인 모습을 선보였다. 5선발로 시작한 고영표 선수는 데뷔 후 첫 두 자릿수 승수를 기록하며 국내 1선발로 올라섰고, 배제성, 소형준 선수는 개개인의 이름에 맞게 안정적인 모습을 보여줬다.

팀에 몇 없는 좌완인 조현우, 고영표 선수와 함께 군 전역 멤버였던 심재민 선수 역시 후반기에 합류하며 점수차가 큰 경기에서 가비지 이닝을 소화하여 실점을 최소화하는 역할을 했다. 그리고 마지막으로 팀의 클로저인 김재윤 선수는 개인 한 시즌 첫

30세이브와 개인 통산 100세이브를 기록하면서 커리어 하이 시즌을 완성했다.

이렇듯 KT가 통합우승에 성공한 것은 단연 팀 역대 최고의 투수진이 뒷받침되었기에 가능했다. 타선 역시 베테랑 유한준, 박경수 선수를 필두로 타격왕 도전에 나섰던 강백호, 황재균 선수 등이 맹활약을 펼쳤다는 점 역시 우승의 밑거름이었다.

올 시즌 역시 지난해와 같은 성적이 기대된다. 주축 투수들의 연령대가 낮기 때문에 계속해서 전성기의 모습을 보여줄 것이기 때문이다. FA였던 장성우 선수도 재계약에 성공했기 때문에 야수진만 계속해서 보완된다면 최소 상위권 전력은 유지할 것으로 전망할 수 있다.

두산 베어스

두산 베어스 2021년 성적			
정규시즌	포스트시즌	주요 투수	주요 타자
71승 65패 8무 .522 4위	한국시리즈 준우승	아리엘 미란다, 최원준, 김강률	김재환, 박건우, 양석환

두산은 시즌 전 야구인들과 전문가들이 예상했던대로 순위가 많이 떨어졌다.

한때 판타스틱 4라고까지 불렸던 선발진의 몰락이 가장 뼈아팠고 불펜 역시 예년만큼 힘을 발휘하지 못했으며 타선 또한 세부적으로 보면 기복이 너무 심했다.

선발진은 아리엘 미란다, 최원준 선수를 제외하고는 크게 활약한 선수가 없었다.

아리엘 미란다 선수는 올 시즌 225탈삼진으로 최동원 선수가 보유하고 있던 역대 한시즌 최다 탈삼진 223개를 경신했다. 하지만 또 다른 외국인 투수 워커 로켓 선수가 부상으로 시즌아웃되면서 외로운 역투가 계속되었다. 국내 선발진에서는 최원준 선수의 고군분투가 빛났다. 개인 최다 12승을 기록하며 2년 연속 두 자릿수 승수를 기록했다. 하지만 또 다른 선발투수였던 차기 에이스 이영하 선수와 베어스 프랜차이즈 좌완 최초 100승에 빛나는 유희관 선수는 실망스러운 성적을 기록했다.

그러다보니 아리엘 미란다 선수는 거의 쉬지도 못하고 매 등판마다 100구 이상을 던지다 결국 어깨에 탈이 났고, 최원준 선수는 후반기 기복 있는 피칭을 했다.

그나마 불펜진이 고군분투 했는데 셋업맨 홍건희 선수를 필두로 좌완 원포인트 이현승 선수, 마무리 김강률 선수가 악전고투하며 완전 붕괴만은 막아냈다. 이 세명의 불펜 투수가 없었더라면 두산은 포스트시즌조차 진출하지 못했을 것이다.

타선은 양석환, 김인태, 강승호 선수 등 새 얼굴들의 활약이 좋았다. 이들은 기존 주전선수들을 밀어내고 주전으로 올라섰는데, 특히 양석환 선수는 LG에서 트레이드된 후 개인 한시즌 최다 28홈런을 기록하며 팀의 해결사로 거듭났다.

전체적으로 보면 모든 면에서 부진한 모습을 보였지만 시즌 막판 미라클 모드로 역대 최초 7년 연속 한국시리즈 진출, 역대 최초 와일드카드 결정전을 거친 팀의 한국시리즈 진출, 역대 최초 2000년 이후 엔트리에 외국인 투수 없이 한국시리즈 진출, 단일 감독 최장 기간 7년 연속 한국시리즈 진출이라는 위대한 성적을 기록했다.

삼성 라이온즈

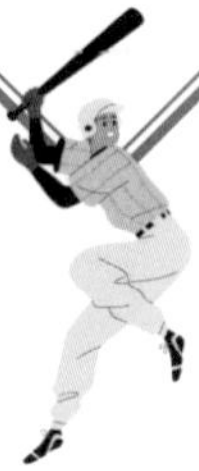

삼성 라이온즈 2021년 성적			
정규시즌	포스트시즌	주요 투수	주요타자
76승 59패 9무 .563 2위	플레이오프 탈락	데이비드 뷰캐넌, 원태인, 백정현	호세 피렐라, 오재일, 구자욱

라이온즈 파크 개장 후 첫 포스트시즌에 진출했지만 결과적으로 보면 너무나도 아쉬웠던 시즌이었다. 사실 선발진만 놓고 보면 우승팀 KT보다 더 좋았다. 여기에 리그 최고의 외국인 타자로 꼽히는 호세 피렐라 선수와 50억의 사나이 오재일 선수의 영입으로 5년간 시달렸던 암흑기 시절을 지웠다.

정규시즌 최종전에서 KT와 공동 1위까지 형성하며 1위 승자

결정전까지 진출했지만 2% 부족으로 KT에게 우승을 내주었고, 플레이오프에서는 정규시즌에 비해 투타가 동반 부진하며 맥없이 두산에게 한국시리즈 티켓을 내주게 되었다.

선발진은 데이비드 뷰캐넌-원태인-백정현 선수 모두 두 자릿수 승수를 달성하며, 최강 1~3선발진을 이루었고, 이 외에도 최채흥 선수가 후반기 부활하며 선발야구를 통하여 비교적 다른 팀에 비해 안정적인 경기를 펼칠 수 있었다.

불펜의 경우 오승환 선수를 제외하고 후반기에 체력적인 문제로 인해 크게 부진하였다.

우규민, 최지광, 심창민 선수 등이 전반기에 좋은 모습을 보여줬으나 후반기 들어 급격히 안 좋아져 오승환 선수에게 많은 부담이 되었다.

또한 타선은 암흑기 시절보다 많이 보강되었는데, 우선 전 경기 출전하며 5툴 플레이어로써의 자질을 만개한 구자욱 선수부터 FA로 영입한 오재일 선수, 효자 외국인 호세 피렐라 선수 등이 활약해 주며 역대 최악의 타격 시즌이었던 2020 시즌 대비 타격에서 엄청난 발전이 이루어졌다. 특히 오재일 선수의 영입은 빈약했던 1루 타격을 메워준 것은 물론 뛰어난 1루 수비와 결정적일 때 한방인 삼성의 명가 재현에 큰 도움이 되었다.

LG 트윈스

LG 트윈스 2021년 성적			
정규시즌	포스트시즌	주요 투수	주요 타자
72승 58패 14무 .554 3위	준플레이오프 탈락	케이시 켈리, 정우영, 고우석	홍창기, 김현수, 채은성

리그 최강의 불펜을 보여줬다. 사실 시즌 전부터 LG의 불펜은 최강이라는 평가를 받았다. 무명의 투수였던 김대유 선수와 가능성을 보여준 이정용 선수가 구위와 경기운영 능력에서 업그레이드되어 그동안 고군분투했던 진해수, 정우영 선수의 부담을 덜어주었다.

종합적으로 불펜 WAR이 14.68로 1위를 기록하였고 평균자책점은 3.26으로 역시 1위를 기록하는 등 훌륭한 기록을 남겼다.

하지만 야구는 투수가 아무리 잘 던져도 타선이 1점이라도 뽑아 주지 못하면 이길 수 없다. 그 예를 단적으로 보여준 시즌이었다.

먼저 타선의 핵심이었던 주장 김현수 선수가 햄스트링 부상과 올림픽 차출 등으로 개인으로는 두 번째로 3할 타율에 실패하였고, 외국인 타자 로베르토 라모스 선수는 배트 스피드의 하락으로 부진하다 허리 부상까지 당해 방출되었다. 대체 영입된 저스틴 보어 선수는 더욱 부진한 모습을 보이며 사실상 외국인 타자의 혜택을 전혀 받지 못하였다.

득점권 타율은 .252로 9위를 기록했으며 팀홈런은 110개로 두산과 공동 4위였으나, 득점이 두산보다 80점 넘게 낮은 것을 보면 LG 타자들이 득점권에서 얼마나 부진했는지 짐작할 수 있다. 이러한 모습을 두산과의 준플레이오프에서 여지없이 보여주었다.

결론적으로 사실상 리그 최고의 리드오프였던 홍창기 선수와 불펜으로 버티고 버텨 정규시즌 3위로 마감한 시즌이다. 확실한 클러치 히터의 부재가 답답한 타선의 결정적인 원인이 된 시즌이었다.

키움 히어로즈

키움 히어로즈 2021년 성적			
정규시즌	포스트시즌	주요 투수	주요 타자
70승 67패 7무 .511 5위	와일드카드 탈락	에릭 요키시, 안우진, 조상우	이정후, 이용규, 박병호

모두가 알다시피 야구는 9명이 팀을 이룬다. 9명이 완전체를 이루어야만 경기에서 이길 수 있다. 하지만 키움 히어로즈는 지난해 주전 선수 9명이 완전체를 이룬 적이 거의 없다.

시즌이 시작됐지만 리그 최고 마무리 조상우 선수와 선발 한현희, 이승호 선수 등이 엔트리에 들지 못했다. 외국인 투수였던 조쉬 스미스 선수는 단 2경기 만에 방출되었고, 대체로 제이크 브

리검 선수가 돌아왔지만 이번엔 외국인 타자 데이비드 프레이타스 선수가 방출되었다.

올림픽 이후에는 개인 사생활 문제로 한현희, 안우진 선수가 이탈했으며 주전으로 도약한 송우현 선수는 음주 문제, 제이크 브리검은 가정사로 팀에서 제외되었다.

이정후 선수 역시 올림픽 여파로 인한 피로 누적으로 3주가량 출전하지 못하였다. 하지만 그는 복귀 후 맹타를 터트리며 세계 최초 부자 타격왕에 올랐다.

투수진 중에선 다승왕에 오른 에릭 요키시 선수가 홀로 팀을 이끌었다. 서건창 선수를 보내고 LG에서 온 정찬헌 선수 역시 빛나는 활약을 보였다. 베테랑 역할을 완벽하게 해주었던 이용규 선수와 리그 최연소 주장 김혜성 선수는 히어로즈 역대 최초 도루왕에 올랐다.

그 외에도 박동원 선수는 데뷔 첫 20홈런 반열에 올라섰으며 이지영, 송성문 선수 역시 팀이 가장 중요한 시기일 때 좋은 모습을 선보였다.

SSG 랜더스

SSG 랜더스 2021년 성적			
정규시즌	포스트시즌	주요 투수	주요 타자
66승 64패 14무 .508 6위	진출 실패	윌머 폰트, 서진용, 장지훈	추신수, 최정, 한동민

구단명 변경과 추신수 선수의 합류로 그 어느 팀보다 화제를 불러일으켰고 주목을 받았다.

초반 상승 가도를 달리며 더욱더 시즌을 기대케 했지만 갑작스럽게 문승원, 박종훈 선수 그리고 외국인 투수 아티 르위키 선수의 부상으로 인한 시즌아웃으로 사실상 선발투수 없이 시즌을 보내야만 했다. 계속해서 대체 선발투수를 기용했지만 상대팀에게는 역부족이었고 그 여파로 인해 선발 평균자책점 5.29로 최하위를 기록했다.

또 다른 외국인 투수 윌머 폰트 선수가 서서히 리그에 적응했지만 혼자서는 역부족이었다.

뒷문 역시 불안했는데 김상수, 서진용, 김택형 선수가 마무리 투수 역할을 했지만 세 선수가 합쳐 22개의 세이브를 기록했고 반대로 블론세이브는 24개나 기록했다.

그나마 고무적인 점은 SSG가 다시 홈런군단으로 부활했다는 점이다. 시즌 전부터 추신수, 최주환 선수를 데려왔고 기존의 최

정, 한유섬 선수가 재기에 성공했다. 2위 NC보다 15개 더 많은 185홈런을 기록함으로써 막강 홈런군단의 건재함을 보여주었다.

다만, 주전 중 부진한 모습을 보인 선수가 있는데 바로 제이미 로맥 선수이다. 전반기 17홈런을 기록하며 여전한 장타력을 보여주었으나 후반기에는 목디스크 부상으로 타격감을 잃었다.

그는 올림픽 브레이크 이후에도 부진이 계속되었으며 시즌 중 목디스크로 전력 외 판정을 받으며 시즌 막바지에는 출전하지 못하였다. 결국 시즌 종료 후 은퇴를 선언, 제이미 로맥 선수와 함께 한 5년의 시간은 마무리되었다.

NC 다이노스

NC 다이노스 2021년 성적			
정규시즌	포스트시즌	주요 투수	주요 타자
67승 68패 9무 .496 7위	진출 실패	드류 루친스키, 신민혁, 이용찬	양의지, 나성범, 애런 알테어

2020년 우승팀으로 2년 연속 우승에 강력한 도전장을 내밀었던 시즌이었다.

나성범 선수가 잔류하였고 특별한 전력이 유출되지 않아 많은 기대 속에 시즌을 시작했다. 그러나 4명의 주전선수들이 사건 사고에 연루되었고 결국 이탈하여 팀이 휘청거렸다. 특히 시즌 후반 가장 중요한 시기에서 번번히 상대팀에 경기를 내주었고, 그 결과

는 포스트시즌 탈락으로 이어졌다.

NC의 부진 요인으로는 구창모 선수의 시즌아웃 여파가 투수진 전체에 크게 영향을 미쳤다. 사실 NC는 구창모 선수의 회복이 이렇게 더딜 거라고는 생각하지 못했다.

스프링캠프에 전완부 피로 골절 증상과 골밀도 부족 때문에 불참했는데 회복이 늦어지면서 복귀를 미루다 결국 수술대에 올랐다. 구창모 선수가 전력에서 이탈하면서 이동욱 감독의 시즌 구상은 크게 틀어졌고 팀 선발 로테이션 역시 바꿔야만 했다.

또한 포수 양의지 선수의 부재가 뼈아팠다. 개막 두 번째 경기부터 롯데 앤더슨 프랑코 선수에게 사구를 맞으면서 지명타자로 주로 출장했는데 올림픽에 차출까지 되는 등 계속해서 부상이 악화되었다.

후반기에는 거의 포수로는 뛰지 못했고 그 자리를 김태군, 박대온 선수가 대체했지만 포수 양의지 선수의 공백을 완전히 대체하기에는 역부족이었다.

롯데 자이언츠

롯데 자이언츠 2021년 성적			
정규시즌	포스트시즌	주요 투수	주요 타자
65승 71패 8무 .478 8위	진출 실패	박세웅, 댄 스트레일리, 김원중	이대호, 손아섭, 전준우

시즌 중반 허문회 감독에서 래리 서튼 감독으로 교체되는 등 크고 작은 일들이 많았다.

타격은 어느 정도 활약을 했으나 역시 선발진과 수비가 끝까지 발목을 잡고 말았다.

주장직 징크스를 완벽히 떨쳐내고 최다 안타 1위에 등극한 전준우 선수를 비롯해 안치홍, 정훈, 한동희 선수 등 모두 예년보

다는 훨씬 좋은 성적을 기록했다. 이 결과로 인해 롯데는 팀 득점 2위를 기록했다. 하지만 손아섭 선수는 장타율이 급감하여 우려를 낳았고 이대호 선수는 확실히 노쇠화에 접어든 모습을 보였다. 또한 매년 약점으로 지적되었던 선발진과 수비문제는 여전히 물음표였다. 에이스로 꼽혔던 댄 스트레일리 선수가 혹사로 인해 부진했고, 이승헌 선수는 건초염, 서준원 선수는 성장이 더뎠다. 앤더슨 프랑코 선수는 기대 이하의 모습으로 후반기 불펜으로 전환되었으며, 기대주였던 김진욱 선수는 들쑥날쑥한 제구력으로 선발진에서 탈락했다.

결과적으로 롯데는 선발 평균자책점 5.15를 기록하며 9위의 낮은 결과를 나타냈다.

불펜은 구승민, 최준용, 김원중 선수의 필승조가 맹활약하였지만 패전조들의 투구는 굉장히 나빠 필승조와 패전조의 실력 차이가 뚜렷하게 나뉘는 아쉬움을 보였다.

수비는 실책면에서는 85개로 리그 최소 1위를 기록했지만 클러치 상황에서의 실책이 뼈아프게 나타났는데, 팀 내 최다 실책은 한동희 선수가 14개이고 그 다음이 딕슨 마차 선수로 11개 그리고 안치홍 선수가 10개를 기록했다.

KIA 타이거즈

KIA 타이거즈 2021년 성적			
정규시즌	포스트시즌	주요 투수	주요 타자
58승 76패 10무 .433 9위	진출 실패	다니엘 멩덴, 장현식, 정해영	최원준, 김선빈, 최형우

시즌 전 이미 하위권 성적을 나타낼 것이라 생각했지만 결과는 더욱 심각했고 총체적 난국의 시즌을 보냈다.

리그와 팀 내 최고 에이스로 꼽혔던 양현종 선수가 메이저리그에 진출하였고, 외국인 에이스였던 애런 브룩스 선수가 불미스러운 사건으로 이탈하며 최악의 시즌을 예고했다.

여기에 남은 한 명의 외국인 투수 다니엘 멩덴 선수마저 부상으로 한동안 이탈하면서 2021 시즌 KIA의 선발 운용은 상당히 불안정한 형태를 띨 수밖에 없었다. 그나마 긍정적이었던 요소를 찾는다면, 시즌 전부터 가장 큰 기대를 받았던 유망주 이의리 선수가 후반기에 부상으로 이탈하기는 했지만 신인치고는 좋은 모습을 보여주며 신인왕에 등극했다는 것이다. 윤중현 선수 역시 혜성처럼 나타나 ERA 3.92, WAR 1.26이라는 훌륭한 성적을 보여주며 비어있던 선발 한 자리를 꿰찼다.

불펜 쪽에서는 새로운 필승조 '장정 듀오(장현식–정해영 선수)'가 탄생했으며 이 둘은 각각 30홀드와 30세이브를 기록하며 리그 정상급 필승조로 자리매김했다.

반면 타선은 최악의 결과를 나타냈다. 프레스턴 터커, 최형우, 나지완 선수까지 모두 거짓말처럼 동반 부진의 늪에 빠졌다. 팀 홈런 66개로 최하위를 기록했는데 1위 SSG와는 무려 119개 차이를 보였다. 팀 OPS 역시 .673을 기록하며 최하위 및 리그 평균에도 못 미치는 암울한 시즌을 보냈다.

한화 이글스

한화 이글스 2021년 성적			
정규시즌	포스트시즌	주요 투수	주요 타자
49승 88패 12무 .371 10위	진출 실패	닉 킹험, 라이언 카펜터, 김민우	정은원, 노시환

뚜렷한 전력 보강 없이 리빌딩을 선언하였다.

팬, 야구인, 전문가 등이 일찌감치 성적에 대한 기대를 접었고 결과 역시 모두가 예상했던 대로 나왔다.

사실 한화는 6월 한때 탈꼴찌의 희망이 있었다. 당시 최하위는 KIA였기 때문이다.

잘 버텼던 한화는 6월 23일부터 최하위로 내려가더니 결국 움직임 없이 최하위가 확정되었다.

투수부터 야수진까지 모두 기회를 많이 부여받지 못하던 백업 선수들과 신인급 선수들에게 기회를 주면서 어떻게든 이 선수들을 주전으로 키우기 위한 노력을 했으나, 가능성보다는 한계를 더 보여준 아쉬움이 남은 시즌이었다.

투수진을 살펴보면 선발진은 닉 킹험, 라이언 카펜터 선수가 원투 펀치를, 김민우 선수가 토종 1선발을 확실하게 소화해냈지만 그 외 4, 5선발은 모두 이렇다 할 모습을 보이지 못하고 불펜요원인 윤대경 선수가 선발로 전향할 정도로 너무나 처참했다. 특히 지난해 토종 1선발 역할을 나름 잘 수행해 줬던 장시환 선수의 부진이 너무나도 뼈아팠다.

불펜은 정우람 선수가 확연한 에이징 커브를 맞이한 게 뼈아팠다. 많은 이닝을 소화한 김범수 선수도 고질적인 고관절 수술로 이탈하고 말았다. 강재민 선수는 전반기 언터쳐블로 좋은 모습을 보였으나, 후반기 부진하고 말았다.

타자 쪽은 정은원, 노시환 선수가 이전해보다 나아진 모습으로 기대를 불러일으켰으나 그 기복이 심했고, 노시환 선수는 불의의 부상으로 시즌을 조기에 마감해야 했다.

결론적으로 한화는 최하위에서 벗어나지 못했고 순위를 버려가며 몰두한 리빌딩에서도 현실적 한계를 체감해야 했다. 그토록 바라던 노시환, 정은원, 하주석 선수 중심의 내야진 완성과 후반기 최재훈 선수의 고군분투, 단단한 외국인 1, 2선발과 김민우 선수의 14승 국내 선발 투수의 탄생 등 분명 호재가 있었음에도 최하위를 기록했다는 것은 버틸 만한 기둥을 더 만들어야 한다는 과제를 얻게 되었다.

2

이것부터 알아 두자

야구란 무엇인가

야구는 9명씩 두 팀이 번갈아 가면서 배트와 공을 활용하는 경기이다. 이 게임은 투수라고 불리는 수비팀의 선수가 공을 던지면 타석에 있는 선수가 방망이로 치면서 진행된다. 공격팀의 목적은 페어 안으로 공을 쳐서 선수들이 베이스에서 뛸 수 있도록 하고, 4개의 베이스에서 시계 반대 방향으로 전진하여 득점을 올리는 것이다. 수비진(야수진)의 목적은 타자들이 주자가 되는 것을 막고, 주자의 주루를 막는 것이다. 득점은 주자가 베이스를 순서대로 지나 홈플레이트(타자로 출발한 곳)를 터치하면 기록된다. 경기가 끝날 때까지 가장 많은 득점을 한 팀이 승리한다.

선수가 안전하게 1루에 진루하는 것이 공격팀의 첫 번째 목표다. 1루에 진루한 주자는 타자의 타구로 후속 베이스에 진출할 수 있다. 수비팀은 타자나 주자를 아웃시켜 실점을 막고자 노력하는데 투수와 야수 모두 선수들을 아웃시키는 여러 가지 방법이 있다. 대결 시 두 팀은 배팅과 수비를 번갈아 하며, 3아웃이 되면 공수가 교대된다.

한 경기는 9이닝으로 구성되고 9이닝 말에 동점이면 보통 연장전을 치른다. 야구는 대부분의 경기가 9회에 끝나지만 시간 제한은 없다.

야구 규칙

기본

앞에서도 말했듯이 야구는 두 팀이 9명의 선수로 나뉘어 경기를 한다. 경기는 여러 심판의 권한에 따른다. KBO 리그 경기에는 보통 4명의 심판이 있다(포스트시즌 6명, 리그와 경기의 중요도에 따라 최대 6명까지 심판이 주관할 수 있다). 세 개의 베이스가 있고, 반시계 방향으로 번호가 매겨진 1, 2, 3층은 지면 위로 짧은 거리를 올려놓은 15인치(38cm) 정사각형 모양의 베이스이며, 네 번째 베이스는 다이아몬드라고 불리는 90피트(27.4m)의 변을 가진 정사각형을 형성한다.

KBO 리그에서는 9이닝 동안 각 팀이 한 차례 타석에 서서 득점을 시도하고 다른 팀은 필드에서 수비하는 방식으로 진행된다. 9회초 이후 홈팀이 앞서면 9회말 공격은 플레이가 이어지지 않는다. 이렇게 되면 9회 홈팀 득점의 점수판에 X가 찍힌다. 동점일 경우, 한 팀이 리드할 때까지 추가 이닝을 치른다(KBO 리그는 연장전이 12회까지다). 9회말이나 그 이후 언제라도 홈팀이 리드를 잡으면 경기가 끝나며, 홈팀이 승리를 하게되는데 이것을 끝내기 승리라고 한다.

공격팀

야구는 항상 투수와 타자의 대결이다. 투수는 홈플레이트를 향해 공을 던지고, 포수는 홈플레이트를 향해 오는 공을 받기 위해 웅크린 자세로 기다린다. 타자는 두 개의 타석 중 하나에 서서 배트로 공을 치려고 한다. 포수의 역할은 투수가 어떤 공을 어디로 던질지 알려주어야 하는데, 보통 스트라이크존 내에서 공의 원하는 위치에 사인을 보내 글러브를 원하는 위치에 올려 공을 잡는다. 경기가 어떻게 진행되고, 투수가 주어진 상황에 어떻게 대응하는가에 따라 포수의 역할이 더 중요해지기도 한다.

타석에서의 목표는 상대팀보다 더 많은 득점을 하는 것이다. 즉 선수는 타구를 치고, 주자가 되고, 순서대로 모든 베이스를 터치하며, 마지막으로 홈플레이트를 터치하는 것이다.

담장을 넘긴 타구는 홈런이다. 타자와 주자가 모든 베이스를 터치하고 득점을 얻을 수 있는 자격을 부여하는데 홈런은 파울볼에 맞아도 인정된다.

수비팀

매 이닝마다 수비팀의 목표는 공격팀 세 명의 선수를 아웃시키는 것과 동시에 주자들이 득점하는 것을 막으려고 한다. 타자 혹은 주자를 아웃시키기 위한 많은 방법들이 있는데 가장 흔한 것은 플라이 아웃, 태그 아웃, 포스 아웃 그리고 삼진이다. 수비 포지션은 9개지만 필수 포지션(투수와 포수)이 있는 곳은 2개뿐이다. 나머지 7명 야수들의 위치는 규정상 정해져 있지 않지만 투구가 전달되는 순간 투수와 포수 사이의 공간이 아닌 공정한 영역에 위치해야 한다. 이 야수들은 특정 타자나 경기 상황에 따라 포지션을 바꾸는 경우가 많으며, 언제든 서로 포지션을 바꿀 수 있다.

각각의 포지션 번호는 투수(1), 포수(2), 1루수(3), 2루수(4), 3루수(5), 유격수(6), 좌익수(7), 중견수(8), 우익수(9)이고 번호 부여 규칙은 헨리 채드윅(Henry Chadwic)에 의해 확립되었다.

각 포지션은 수비 스펙트럼에 무게를 두고 난이도를 놓고 있는데 가장 난이도가 높은 포지션은 포수이고, 가장 난이도가 낮은 포지션은 1루수다. 지명타자는 수비의 일부가 전혀 아니고 투수는 제5의 내야수로 불리지만 역할이 워낙 특화되어 있어 통상 일상적인 플레이만 한다.

내야수

내야수 4명은 1루수, 2루수, 3루수, 유격수이다. 원래 1루수, 2루수, 3루수는 각자의 베이스 근처에서 뛰었고, 유격수는 2루수, 3루수 또는 경기 상황에 따라 어디든 커버하는 역할을 한다.

1루수가 하는 일은 내야수가 그라운드에서 타자가 친 공을 주어 타자가 1루 베이스에 닿기 전 공을 잡아 1루수에게 송구해 줘 아웃시키는 것이다. 빠르게 움직여야 하기 때문에 1루수가 공을 동시에 잡으면서 한쪽 다리를 뻗어 1루에 닿아야 하는 경우가 많다. 1루수는 공을 잘 잡을 수 있어야 하기에 보통 특수 제작된 미트를 착용한다. 다른 포지션에 비해 체력적인 어려움은 적지만 여전히 많은 기술이 필요하다.

2루수는 번트 상황에서 1루수를 위한 백업을 해야 한다. 또한 중계 플레이 역할도 해야 한다. 컷오프는 외야수와 내야수 사이의 중개자 역할인데 외야수는 타구를 내야로 한 번에 송구를 하지 않아도 된다. 유격수는 우타자들이 땅볼을 치는 2루와 3루 사이의 중요한 범위를 메우고 2루 또는 3루와 좌익수 근처를 커버한다. 수비적으로 가장 까다로운 포지션이다.

현대에 와서 바뀌긴 했지만 좋은 유격수가 반드시 좋은 타자가 될 필요는 없다. 내야를 가로질러 1루수까지 길게 던지기 위해서는 3루수가 강한 공을 던지는 것이 기본 조건이다. 다른 내야수보다 날카로운 타구를 많이 보기 때문에 3루수에게 '핫 코너'라는 별명이 붙는다. 빠른 반응 시간 또한 중요하다. 좌타자보다 우타자가 많기 때문에 타자의 자연스러운 스윙동작으로 내야 왼쪽 땅볼이 더 많다.

외야수

좌익수, 중견수, 우익수 등 외야수 3명은 필드를 바라보는 포수의 시선에서 따온 이름이다. 우익수는 일반적으로 3루로 진루하는 주자를 막기 위해 송구해야 하기 때문에 모든 외야수 중 가장 강한 어깨를 가지고 있다. 중견수는 코너 외야수보다 커버할 영역이 넓기 때문에 빠르고 민첩해야 한다. 강한 어깨로 내야수에게 공을 전달해야 하는데 유격수와 마찬가지로 이 포지션에서는 수비를 중요시하는 경향이 있다. 외야수 중에서도 좌익수가 가장 약한 경우가 많은데, 일반적으로 어떤 주자의 진루를 막기 위해 공을 멀리 던질 필요가 없기 때문이다. 좌익수는 여전히 좋은 수비와 캐치 능력이 필요하고, 훨씬 많은 우타자들이 좌익수 쪽으로 '끌어당기는' 경향이 있어 우익수보다 공을 더 많이 받는다. 각 외야수는 양 포지션 근처에서 안타를 치려고 하는 근처의 외야수를 '백업'하기 위해 달려간다. 외야수들은 또한 투수나 포수의 견제 시도를 포함하여 타구나 빠진 공의 내야수를 백업하기 위해 달려가기도 한다.

투수

투수의 피칭은 타자를 아웃시키고 주자의 출루를 막아야 한다. 그렇기 때문에 투수에게는 효과적인 피칭이 필요하다. 보통 선발투수는 한 경기에서의 투구 수가 100개를 넘는다.

과거 선발투수는 1주일에 4경기까지 완투(전체 9이닝)하는 경우가 많았다. 하지만 지금은 인체의 기능과 피로를 더 잘 이해하게 되면서 5일마다 등판한다,

한 경기에는 선발투수와 구원투수를 포함한 여러 투수가 필요하다. 투수들은 다른 선수들처럼 교체되고, 규칙에 따라 한 경기에 등판할 수 있는 수는 제한하지 않는다(유일한 제한 요소는 당연히 선수단의 규모이다).

일반적으로 매 경기가 중요한 포스트시즌을 제외하고는 구원 상황에서는 선발투수를 쓰지 않는다.

초창기에는 선수단이 적었고 구원투수가 상대적으로 드물어 선발투수가 경기 내내 기용되는 경우가 많았다. 지난 2005년 미국

아메리칸 챔피언십 시리즈에서 시카고 화이트삭스의 4전 전승은 모두 선발투수에 의한 완투 경기로 현대 경기에서 매우 주목할 만한 사건이었다.

투구 방법

투수는 공을 전달하는 동안 위치, 속도, 움직임, 팔 위치의 변화에 따라 움직임을 마음대로 할 수 있다. 대부분의 투수는 2~3가지 종류의 구종을 가지고 있다.

어떤 투수는 다양한 제구력으로 최대 6가지 종류의 투구를 한다. 일반적인 투구는 빠른 속도로 던지는 속구, 회전에 의해 곡선을 그리는 커브, 속구처럼 보이지만 그보다는 상당히 낮은 구속의 체인지업 등이 있다.

평균적인 KBO 리그 투수는 시속 140km/h 정도의 속구를 던질 수 있고, 몇몇 투수들은 시속 150km/h를 넘기도 한다. 체인지업은 시속 121에서 137km/h 사이이고 타자의 타이밍이 공을 치기 위해 중요하기 때문에, 타자는 F처럼 보이는 것에 맞춰 스윙을 한다.

타자와 주자

공격팀의 목표는 득점을 하는 것이고 타석엔 9명의 선수를 연속으로 차례대로 내보낸다.

타자는 7가지 방법 중 하나로 안전하게 1루에 진출할 수 있다.

안타(약칭 'H') 또는 볼넷('B')이 가장 일반적인데 타자가 페어볼을 칠 때는 반드시 1루로 달려가야 하며, 아웃이 되지 않는 한 어떤 베이스에서도 진루하거나 멈출 수 있다.

일단 주자가 베이스에 있으면 언제든 진루할 수 있지만 타자나 다른 주자가 그를 밀어내지 않는 한 그렇게 할 필요는 없다.

타자가 친 타구는 수비수가 잡는 방법에 따라 플레이 명칭이 달라진다. 야수가 땅에 닿기 전 잡으면 플라이볼이고 내야 안에서 땅에 닿으면 땅볼이다.

플라이볼은 궤적에 따라 여러 가지 다른 이름이 사용되는데 공중에 높게 보이는 공을 '팝업'이라고 하고, 빠르게 움직이고 거의 직선으로 보이는 궤도에서 강하게 공을 치는 것을 '라인 드라이브'라고 한다.

3
투수 용어

선발투수

선발투수란 1회 첫 타자부터 상대하는 투수이다.

한마디로 제일 처음 수비부터 올라오는 투수를 가리키는데, 선발투수의 1승을 기록하는 요건으로는 5회 이상 투구하는 동안 팀이 이기고 있을 경우이다.

1회부터 5회까지 던지려면 기본적으로 체력과 제구력이 좋은 투수가 선발투수를 하는 게 일반적이다.

〈역대 통산 최다 선발승〉

순위	선수	승
1	송진우	163
2	정민철	157
3	양현종	145
4	김광현	134
5	배영수	131
6	장원준	127
7	윤성환	124
8	정민태	122
9	조계현	117
10	이강철	114

구원투수

구원투수란 앞서 던지던 투수를 대신하여 경기 중간에 나가서 던지는 투수이다.

일반적으로 구원투수는 1이닝 정도를 던지는 투수들로 선발투수가 5회 이상을 던진 뒤 6회부터 9회까지 1이닝씩 올라와서 던지는 투수들이다.

〈역대 통산 최다 구원 등판〉

순위	선수	등판
1	정우람	929
2	류택현	888

3	조웅천	800
4	권혁	767
5	가득염	739
6	이상열	728
7	강영식	726
8	오상민	705
9	진해수	699
10	박정진	676

스윙맨

스윙맨이란 구원투수나 선발투수가 모두 가능한 투수를 말한다. 이 보직을 맡으려면 선발투수 같은 체력과 자주 등판하는 불펜 투수처럼 유연성을 갖춰야 한다.

롱릴리프

롱릴리프란 선발투수가 일찍 강판되어 경기에 나서는 구원투수를 말한다.

롱릴리프들은 효과적인 피칭, 지구력 부족, 우천 지연, 부상 등 선발투수가 계속해서 던질 수 없을 때 경기 초반에 등판하는 경우가 많다. 팀이 롱릴리프에게 바라는 점은 남은 긴 이닝을 상대의 타선을 막고, 그 사이 팀의 타자들이 득점을 기록할 때까지 버텨주는 것이다.

원 포인트 릴리프

원 포인트 릴리프는 구원투수의 한 종류로 1명의 타자 내지는 2~3명의 타자만을 상대하기 위해 등판하는 투수이다.

우타 거포를 상대하기 위해 표적 등판을 하는 사이드암이나 언더핸드 투수의 경우도 있지만 원 포인트 릴리프의 95% 이상은 좌완 투수로서 대부분 좌타자를 많이 상대한다.

셋업맨

셋업맨이란 마무리 투수가 등판하기 직전에 던지는 투수이다.

보통 8회를 셋업맨이 던지고 마무리 투수가 9회를 책임진다.

클로저

클로저 또는 마무리 투수라고 부른다.

마무리 투수는 팀이 리드할 때 경기를 끝내는 구원 투수로 일반적으로 팀 내 최고 구원 투수이며, 팀이 3점 이하의 점수차로 앞서 있을 때 마지막 아웃들을 잡기 위해 등판한다. 팀이 지거나 동점인 상황에서 등판하는 경우는 매우 드물다.

불펜

야구중계를 보면서 캐스터나 해설위원의 멘트 중 '불펜투수'라고 하는 멘트를 들어본 적이 있을 것이다. '어느 팀은 불펜이 약하다, 강하다' 이런 멘트를 종종 듣게 되는데, 불펜은 구원투수가 경기 중 준비 운동을 하는 장소를 말한다. 한마디로 구원투수와 불펜투수는 같은 뜻이다.

불펜이 강하다는 뜻은 구원투수가 실점이 적다는 뜻이고, 불펜이 약하다는 뜻은 구원투수가 실점을 많이 낸다는 뜻이기도 하다.

홀드와 세이브

홀드란 세이브가 기록될 수 있는 상황에 구원투수가 등판해서 리드를 지켜내고, 마무리 투수에게 임무를 넘긴 중간 계투 투수에게 주는 기록을 말한다.

그리고 세이브는 자기 팀이 승리한 경기의 끝 마무리 투수로서 승리를 하고 승리의 기록 대신 구원투수에게 주어지는 기록이다.

세이브 조건은 3점 이하로 게임을 이기고 있을 때 등판해서 최저 1회를 던져 승리를 지킨 경우이다. 또한 루상의 주자나 상대하는 타자 또는 그 다음 타자가 득점하면 동점이 되는 상황에 등판해서 승리를 지켰을 때, 그리고 최저 3이닝을 던져 리드를 지켜냈을 때 세이브가 기록된다.

한마디로 3점 이하로 이기고 있을 때 마무리 투수가 그 이닝을 잘 던져 게임을 이기면 세이브가 기록되는 것이다.

구원투수의 홀드와 세이브는 많으면 많을수록 그 수만큼 게임을 이겼다는 뜻이며 구원투수들에게만 기록되는 수치이다.

홀드(HLD, Hold)

홀드는 1980년대 메이저리그에서 중간투수의 가치를 산정하기 위해 고안된 기록으로 KBO에서는 팀의 리드 상황에서 등판한 중간투수가 세이브 조건을 충족시키고 내려오면 1홀드를 부여한다. 세이브와는 달리 홀드 상황을 충족하는 중간투수가 여러 명이라면 각각 1홀드를 인정한다.

*** 홀드가 인정되지 않는 경우**

- 리드 상황에서 등판한 중간투수 본인이, 동점이나 역전을 당한 경우
- 자신이 내보낸 주자를 다음 투수가 실점하여 동점 또는 역전이 되는 경우

〈역대 통산 최다 홀드〉

순위	선수	홀드
1	안지만	177
2	권혁	159
3	진해수	138
4	정우람	130
5	류택현	122
6	정대현	121
7	이상열	118
8	강영식	116
9	이동현	113
10	윤길현	111

세이브(SV, Save)

세이브는 1960년대, 「시카고트리뷴」의 기자 제롬 홀츠먼(Jerome Holtzman)이 고안한 것으로 승리팀의 마지막에 등판한 투수에게 주어지는 기록이다. 다음 요건 중 하나를 충족하고 팀이 승리해야 한다.

＊세이브 요건

- 3점 이하의 리드상황에서 1이닝 이상 던진 경우
- 3이닝 이상 효과적인 투구를 한 경우: 베이스에 있는 주자 또는 타자 및 다음 타자가 득점하면, 동점이 되는 상황

- 참고로 세이브 상황에서 등판한 마무리 투수가 동점 또는 역전을 허용하면 이를 블론 세이브(Blown SV)라 한다.
- 한편 터프세이브(Tough Save) 기록도 있는데, 이는 세이브 상황 중에서도 터프한 경우, 즉 베이스에 동점 또는 역전주자가 있는 상황에서의 세이브를 말한다.

〈역대 통산 최다 세이브〉

순위	선수	세이브
1	오승환	339
2	손승락	271
3	임창용	258
4	김용수	227
5	구대성	214
6	정우람	196
7	진필중	191
8	조규제	153
9	정명원	142
10	정재훈	139

퍼펙트게임

퍼펙트게임은 한 투수가 선발 등판하여 한게임(9이닝 이상이 될 수도 있음)을 완벽하게 막는 경기로 타자를 전혀 진루시키지 않는 경기이다.

안타(홈런 포함), 볼넷, 사구(몸에 맞는 볼), 낫 아웃에 의한 진루

(헛스윙 후 삼진되었지만 공이 뒤로 빠져 루상으로 뛰어간 경우) 및 수비 실책으로 인한 진루 역시 전혀 없는 경우이다. 한마디로 투수가 완벽하게 승리한 게임을 말한다.

노히트노런

볼넷, 사구, 낫 아웃에 의한 진루로 1루, 2루, 3루(홈 제외)를 밟거나 볼넷이나 사구가 아무리 많아도 안타나 점수가 없으면 노히트노런 게임이다. 퍼펙트 게임과는 달리 수비 실책에 의한 진루는 허용된다.

만약 도루가 있다 하더라도 노히트노런이 아닌 것은 아니다. 여기서 'Run'은 '점수를 내다'의 의미이기 때문이다.

〈KBO 리그 통산 노히트노런 일지〉

순서	날짜	선수명	소속팀	결과	상대팀	비고
1	1984년 5월 5일	방수원	해태	5-0	삼미	삼진 6, 사사구 3, 포수 : 유승안
2	1986년 6월 5일	김정행	롯데	8-0	빙그레	삼진 5, 사사구 4, 포수 : 한문연, 김용운
3	1988년 4월 2일	장호연	OB	4-0	롯데	삼진 0, 사사구 3, 개막전, 역대 최소 투구수 99개, 포수 : 김경문
4	1988년 4월 17일	이동석	빙그레	1-0	해태	삼진 5, 사사구 0, 실책 2, 포수 : 유승안
5	1989년 7월 6일	선동열	해태	10-0	삼성	삼진 9, 사사구 3, 포수 : 장채근

6	1990년 8월 8일	이태일	삼성	8-0	롯데	삼진 4, 사사구 3, 포수 : 이만수
7	1993년 4월 30일	김원형	쌍방울	3-0	OB	삼진 6, 사사구 1, 최연소(20세 9개월 25일), 포수 : 김충민
8	1993년 9월 9일	김태원	LG	9-0	쌍방울	삼진 4, 사사구 3, 포수 : 김동수
9	1996년 10월 20일	정명원	현대	4-0	해태	삼진 9, 사사구 3, 한국시리즈 4차전, 포수 김형남
10	1997년 5월 23일	정민철	한화	8-0	OB	삼진 8, 사사구 0, 낫 아웃에 의한 출루, 포수 : 강인권
11	2000년 5월 18일	송진우	한화	6-0	해태	삼진 6, 사사구 3, 최고령(34세 3개월 2일), 포수 : 강인권, 한국인 마지막 노히트노런
12	2014년 6월 24일	찰스 쉬렉	NC	6-0	LG	삼진 7, 사사구 3, 5,150일 만에 외국인 1호, 포수 : 김태군
13	2015년 4월 9일	유네스키 마야	두산	1-0	넥센	삼진 8, 사사구 3, 외국인 2호, 포수 : 양의지
14	2016년 6월 30일	마이클 보우덴	두산	4-0	NC	삼진 9, 사사구 4, 외국인 3호, 포수 : 양의지
15	2019년 4월 21일	덱 맥과이어	삼성	16-0	한화	삼진 13, 사사구 2, 외국인 4호, 포수 : 강민호

완봉승

완봉승이란 한 투수가 선발로 나와 한 경기 전체를 소화할 때 안타나 포볼 등이 아무리 많았어도 한 점도 주지 않고 승리하는 경우를 말한다.

〈역대 통산 최다 완봉승〉

순위	이름	완봉
1	선동열	29
2	정민철	20
	윤학길	20
4	조계현	19
5	이강철	18
6	김상진	17
7	한용덕	16
	장호연	16
	김시진	16
10	최동원	15

완투승

한 투수가 1~9회까지 모두 던져서 그 게임이 이겼을 경우 완투승이라고 한다.

단, 완봉승과의 차이는 완투승은 실점이 있는 상태에서 승리 투수가 되는 경우이다.

〈역대 통산 최다 완투승〉

순위	이름	완투
1	윤학길	100
2	최동원	81
3	장호연	79

4	선동열	68
5	김시진	67
6	이강철	65
7	송진우	64
	조계현	64
	장명부	64
10	이상군	62

이닝이터

이닝이터(inning eater)란 말 그대로 이닝을 먹는 투수를 말한다. 현대 프로야구는 선발, 중간, 마무리 체제가 확고해졌다. 그만큼 예전에 비해 선발투수들의 이닝 수가 줄어들 수 밖에 없다. 그래서 이닝이터를 많이 보유한 팀은 투수 운용이 한결 수월해진다. 중간, 마무리 투수들에게 더 많은 휴식을 줄 수 있기 때문이다. 규정된 것은 없지만 보통 경기당 7이닝 이상을 꼬박꼬박 던져주는 투수를 이닝이터라고 한다.

배터리

배터리(battery)는 투수와 포수를 묶어 이르는 말이다. 어원은 두 가지가 있는데, 한 가지는 메시지를 주고받는 전신의 송수신자가 배터리(전지)로 이어져 있는 것처럼 투수와 포수를 묶어서 부르는 말로 쓰이게 된 것이라고 한다. 다른 어원은 '두들기다' '맹렬히 폭격하다'라는 뜻의 영어 단어 'batter'에서 유래되어 9명의 타자들이 공격을 하기도 전에 투수와 포수가 상대를 두들겨 부순다는 의미로 사용되었다는 말도 있다.

평균자책점

과거 일본식 표현을 따라 방어율로 불리던 기록이다. 여기서 평균은 9이닝당을 의미한다. 즉 투수가 한 경기 전체를 소화한다고 가정할 때, 실점을 얼마나 하는지 보여주는 수치로, 식으로 표현하면 다음과 같다.

평균자책점 = 자책점 * 9이닝 / 투구이닝

예를 들어 투수가 6이닝 동안 3자책을 기록했다면 해당 선수의 평균자책점은

3자책 * 9이닝 / 6투구이닝 = 4.50

여기서 자책점은 투수 자신의 투구에 의한 실점과 자신이 내보낸 주자에 대한 다음 투수의 실점을 포함한다.

한국 프로야구 역대 최저 평균자책점 TOP 10 중 7개가 선동열 선수의 기록이며 그중 1~3위의 기록은 0점대이다.

*** 자책점이 아닌 경우**

타격 방해, 주루 방해 등으로 출루한 주자에 의한 실점. 포일(패스트볼)에 의한 실점(단, 폭투에 의한 실점은 자책점에 포함, 투수의 투구에서 포일(pastball)은 포수의 책임, 폭투는 투수의 책임)

퀄리티 스타트(QS)

퀄리티 스타트, 즉 QS는 1980년대 「워싱턴 포스트」의 리처드 저스티스 기자가 처음 사용한 용어로 현대야구에서 선발투수가 가져야 할 기본 자질이다.

QS는 선발투수가 6이닝 이상을 던지고 3점 이하의 자책점을 기록할 때 주어지는 기록으로 얼핏 뛰어난 기록처럼 보이지만 기본 자질이라고 한 이유는 6이닝 3실점을 평균자책점으로 환산하면 4.50에 이르기 때문이다.

QS가 선발투수에게 중요한 이유는 분업화된 현대야구에서 선발투수가 최소 6이닝을 책임져야 계투진 구성이 용이하고 또한 선발투수가 3실점 이하로 막아줘야 팀의 승리 확률이 높기 때문이다.

참고로 QS+도 있는데 이는 선발투수가 7이닝 이상을 책임지고, 3자책점 이하일 때 주어지는 기록이다. 또한 7이닝 이상 2자책점 이하는 하이 퀄리티 스타트(HQS), 8이닝 이상 1자책점 이하를 도미넌트 스타트(DS)라고 한다.

QS가 선발투수의 기본 자질이지만, 타고투저인 KBO 리그에선 좋은 기록에 해당된다.

WHIP(Walks plus Hits divided by Innings Pitched)

WHIP는 이닝당 출루 허용률로 표현된다.

타격지표인 OPS와 함께 가장 대중적이고 직관적인 세이버 메트릭스 투수지표다. 이것을 식으로 표현하면 WHIP = (피안타+볼넷)/이닝수이다. 이것은 투수가 한 이닝당 몇 명의 주자를 내보내는지 알 수 있는 지표로, 주의할 점은 몸에 맞는 볼에 의한 출루는 제외한다는 것이다.

즉 투수가 이닝당 안타와 볼넷을 얼마나 허용하는지 보겠다는 것인데, 보통 WHIP가 1점대 초반이면 훌륭한 투수이다. WHIP = 1.0은 해당 투수가 아웃카운트를 3개 잡는 동안 1명만 출루시킨다는 뜻이다.

한편 WHIP와 평균자책점은 상관관계가 높은데 WHIP, 즉 출루 허용률이 낮으면 당연히 실점할 확률 역시 낮아지기 때문이다.

보크

1898년 미국 메이저리그에서 처음 도입된 보크 규칙은 주자가 루에 있을 때 투수가 규정에 벗어난 투구를 던지는 반칙 행위를 말한다. 보크에는 여러 종류가 있지만 흔히 발생하는 몇 가지를 열거해보면 다음과 같다.

- 투수판에 중심 발을 댄 투수가 투구에 관련된 동작을 한 다음 그 투구를 중지할 때
- 투수판에 중심 발을 댄 투수가 1루에 송구하는 흉내만 내고 실제로는 하지 않을 때
- 투수판에 발을 댄 투수가 루로 송구하기 전 발을 그 루의 방향으로 똑바로 내딛지 않을 때
- 투수판에 중심 발을 댄 투수가 주자가 없는 루에 송구하거나 송구하는 흉내를 낼 때
- 타자가 타자석 안에서 아직 충분한 자세를 취하지 못했을 때 투구하는 등 투수가 반칙 투구를 할 때

간단하게 말해서 투수가 중심 발을 투수판 위에 올려놓고 정확한 자세로 투구하거나 견제하지 않는 동작은 보크다.

보크 선언이 내려지면 모든 주자들은 각각 한 루씩 진루한다. 보크가 일어난 상황에서 타자가 안타를 쳐서 1루에 도달하고 다른 주자들도 한 루 이상 진루했을 때는 공격 측에 어드밴티지를

주어서 진루한 것을 인정하고 경기를 계속하게 된다.

보크는 순식간에 일어나는 일이라 심판이 잡아내기 힘들 때도 있다. 실제로 선수, 감독, 코치, 해설위원들도 순간을 놓치기 쉬운 것이 보크다. 그나마 아나운서, 해설자들은 슬로우 비디오를 보면서 설명할 기회라도 있지만 심판들은 짧은 순간 동작을 놓치면 낭패 보기 쉽다.

빈볼

빈볼(Beanball)은 야구에서 상대 선수를 고의적으로 맞추는 공이다. 이것은 때때로 싸움, 벤치클리어링 유발로 이어질 수 있다. 타자의 몸을 고의적으로 맞추는 경우 퇴장과 함께 여러 경기 출장 정지로 이어지기도 한다.

벤치클리어링

벤치클리어링은 야구나 아이스하키 경기 도중 더그아웃이나 불펜, 또는 벤치에 있던 선수들이 그라운드로 나가는 행동이다. 즉 벤치클리어링은 선수들이 몸싸움을 벌이거나, 심판을 제지하거나 혹은 싸움에 가담하는 행위이다.

지나치면 선수 간 감정이 쌓이는 좋지 않은 결과를 낳기도 하지만 때로는 팀 분위기를 하나로 모으는 촉매제 역할을 하기도 한다.

또한 관중들에게 볼거리(?)를 제공하기도 하는데, 이때 현장으로 달려나가지 않는 선수가 있으면 그는 당연히 팀 내에서 '왕따' 내지는 벌금을 내야 한다. 그래서 벤치클리어링 상황이 발생하면 모두가 급히 뛰어나오는 것이다.

스트라이크존

스트라이크존(Strike Zone)은 타자가 스윙을 하지 않더라도 스트라이크라고 불리기 위해 투구가 통과해야 하는 공간의 크기이다. 홈플레이트 위, 타자의 무릎과 몸통 중간 지점 사이의 부피로 정의되는데 공이 존을 통과하는지의 여부는 일반적으로 포수 뒤에 있는 심판에 의해 결정된다.

스트라이크는 투수와 수비진에게 바람직한데 3스트라이크는 그 타자의 삼진으로 귀결되기 때문이다. 스트라이크존을 들어가지 않은 투구로 타자가 스윙하지 않으다면 볼이 된다.

스트라이크존의 측면은 홈플레이트 가장자리에서 위로 뻗은 수직면이다. KBO 리그에서 스트라이크존 상단은 타자의 어깨 윗부분과 유니폼 바지 윗부분 사이 중간 지점이고, 스트라이크존 하단은 무릎 밑으로 모두 타자가 투구한 공을 향해 스윙할 준비가 돼 있는 상황에서 타자의 자세에 의해 결정된다.

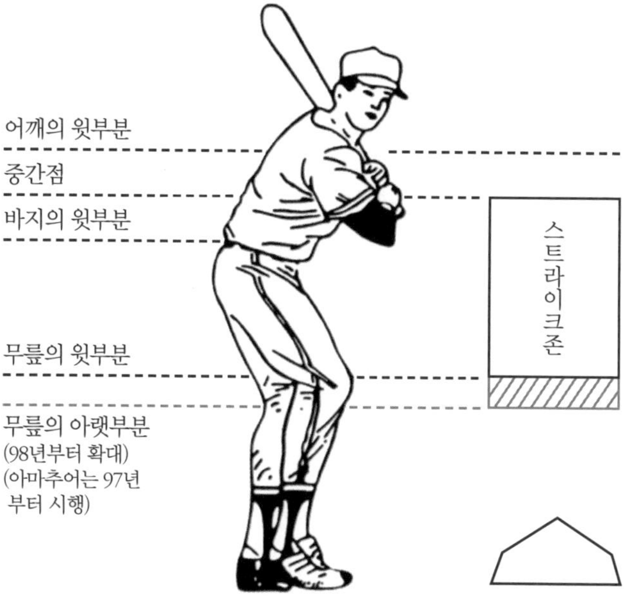

| 스트라이크존 |

승리투수와 패전투수

승리투수는 경기를 승리로 이끈 투수를 말하고 그 투수에게 주어지는 기록을 의미하기도 한다. 반면 패전투수는 점수를 내준 투수가 뒤지고 있을 때 마운드를 내려온 이후, 소속팀이 한 번도 동점을 이루거나 역전하지 못한 채 경기가 종료되었을 경우 그 투수에게 주어지는 기록이다.

선발투수가 최소 5회를 던지고 교체 당시 소속팀이 리드하고 있을 뿐 아니라 그 리드가 경기 종료 시까지 유지되었을 경우 선발투수를 승리투수로 기록한다.

선발투수가 5회 미만을 던졌거나 리드를 유지하는 데 실패한 경우에는 다음과 같은 요건을 충족한 투수에게 승리투수 기록을 준다.

- 선발투수가 리드는 유지했으나 5회 미만을 던졌을 때는 리드를 끝까지 이어나가고 승리하는 데 가장 효과적인 투구를 한 구원투수 중 한 명을 기록원이 판단하여 승리투수로 기록한다.
- 경기 도중 동점이 되면 투수의 승패 결정은 새롭게 시작한다.
- 선발투수가 리드를 유지하지 못하고 내려왔는데 구원투수가 던지는 동안 다시 리드를 잡고 그 리드가 경기 끝까지 유지되었다면 해당 구원투수에게 승리투수 기록이 주어진다.

  단, 구원투수가 비효과적인 투구를 하고 교체되어 그 뒤에 나온 다른 구원투수가 리드를 유지하는 데 효과적인 투구를 했다면 뒤에 등판한 구원투수를 승리투수로 기록한다.

4

투수 구종 파헤치기

패스트볼

직구는 투수들이 던지는 가장 흔한 유형의 투구이다. 전 미국 메이저리거 놀란 라이언, 로저 클레멘스 등 '파워 투수'들은 스피드에 의존해 타자를 막았고, 시속 95~105마일(153~169km)과 시속 108.1마일(174.0km)의 빠른 공을 던졌다.

직구는 보통 백스핀과 함께 던지기 때문에 매그너스 효과가 볼에 상승력을 발생시킨다. 이것은 생각보다 천천히 떨어지게 하고, 때때로 라이징 패스트볼이라고 불리는 착시현상을 일으킨다. 사람이 공을 충분히 빠르게 던지고 백스핀으로 공이 실제로 상승할 수 있는 것은 불가능하지만, 타자에게는 예상치 못한 자연스러운 효과로 인해 구위가 상승하는 것처럼 보인다.

직구는 손가락으로 실밥의 넓은 부분을 가로질러 공을 잡음으로써 완성된다. 싱킹 패스트볼은 좁은 부분(투심 패스트볼)을 가로질러 집게와 가운데 손가락이 실밥을 따라오도록 잡고 던진다.

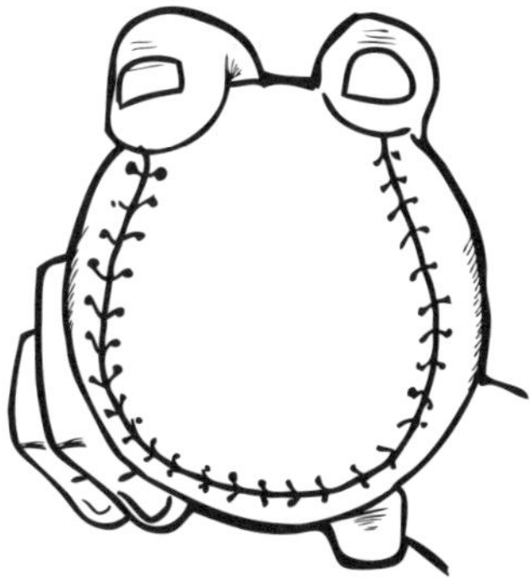

포심 패스트볼

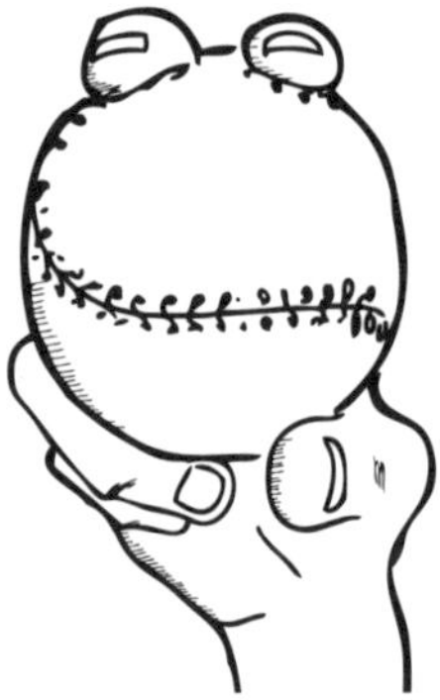

포심 패스트볼은 가장 흔한 변형 패스트볼이다. 이 투구는 투수가 카운트에서 앞서거나 스트라이크를 던져야 할 때 자주 사용한다. 이러한 형태의 직구는 좌우 움직임을 최소화하고 속도에 더 의존하기 위한 것이다. 투수가 던지는 가장 빠른 투구로 최고 속도는 시속 100마일(161.0km)을 넘는다. 메이저리그가 인정한 가장 빠른 투구는 2010년 9월 25일 샌디에이고 펫코파크에서 당시 신시내티 레즈의 왼손 구원투수인 아롤디스 채프먼에 의한 것으로 시속 105.1마일(169km)로 기록되었다.

투심 패스트볼

투심 패스트볼은 패스트볼이지만 앞서 언급한 대로 공의 실밥 두 개만 손가락에 걸치기 때문에 공의 움직임이 포심 패스트볼과 많이 다르다. 일반적으로 포심에 비해 4~8km/h 정도 구속이 떨어지는 반면 공의 움직임은 포심에 비해 많다.

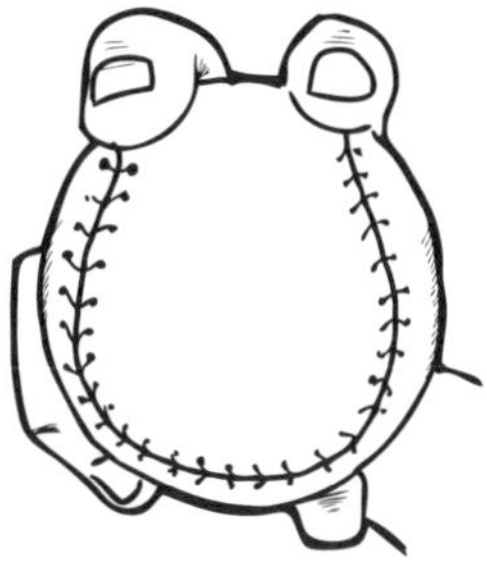

투심은 아래로 떨어지는 성질이 있어서 타자들이 공략하기 쉽지 않고 땅볼을 유도하는 데 유용하다. 국내에서 투심 패스트볼을 구사하는 투수가 최근 늘어나는 추세인데 투구 수를 관리하는 데 효과적인 구종이다.

컷 패스트볼

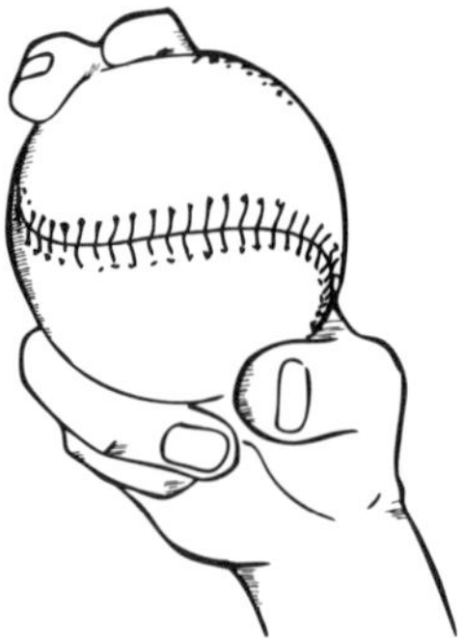

컷 패스트볼, 즉 커터는 슬라이더와 비슷하지만 포심 그립을 사용하는 경향이 있다. 투수는 더 많은 스핀을 만들기 위해 포심의 그립을 이동시킨다(종종 엄지손가락을 안쪽으로 살짝 돌리고 위쪽 두 손가락을 바깥쪽으로 돌림). 이로 인해 일반적으로 피치가 안쪽으로 또는 바깥쪽으로 몇 인치 정도 이동하며, 일반적인 슬라이더보다 작거나 종종 늦게 움직이기도 한다. 커터는 그립감과 전달력이 사실상 같아 보이기 때문에 포심이 강한 투수에게 효과적이다.

뉴욕 양키스의 은퇴한 마무리 투수 마리아노 리베라는 커터를 던지는 것으로 유명했다. 리베라는 전성기에 시속 96마일로 상대의 타선을 잠재웠고, 알 라이터는 커터를 장착하고 162승과 노히트노런을 기록했다.

스플릿 핑거 패스트볼

스플리터 또는 SF볼이라 불리는 이 구종은 1970년대 후반 메이저리그 로저 크레이그 감독이 투수들에게 전수해 주면서 알려지기 시작했고, 1986년 휴스턴 애스트로스의 마이크 스캇이 사실상 스플리터만으로 사이영상을 수상하면서 선풍적인 인기를 끌게 됐다. 그래서 스플리터를 가리켜 1980년대의 볼이라고 한다.

스플리터는 많은 일본 투수들이 구사하는 포크볼과 같은 계열의 구질로 차이를 구별해내기 쉽지 않다. 미국에서는 보통 스플리터와 포크볼을 혼용해서 사용한다. 스플리터는 검지와 중지를 벌려 공을 잡게 되는데 패스트볼에 가까운 구질로 스피드가 빠르고 떨어지는 각도가 작다.

싱킹 패스트볼

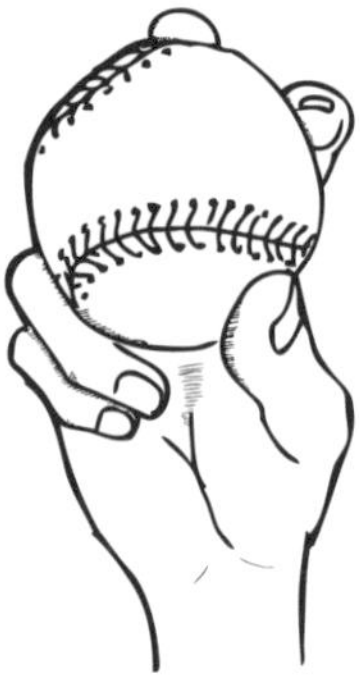

싱킹 패스트볼, 싱커로 불린다. 싱커는 땅볼을 유도하는 직구의 일종이다.

싱커는 그 이름에서 알 수 있듯이 가라앉는 패스트볼 구종이다. 패스트볼과 같이 빠르게 날아오다 타자 앞에서 급격히 가라앉는다. 투심과 비슷하지만 투심에 비해 좌우 움직임은 적고 아래로 떨어지는 각이 크다. 이러한 싱커의 특성 때문에 타자는 헛스윙을 하거나 배트에 맞추더라도 공의 위쪽을 때리게 된다. 그렇기 때문에 땅볼을 유도하는 데 매우 용이하다.

커브

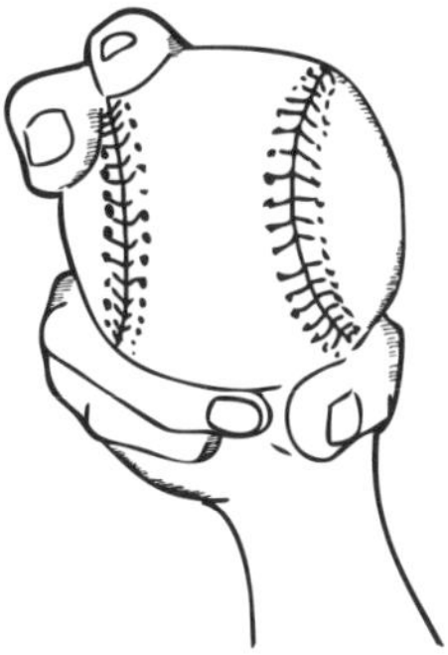

커브는 포심 패스트볼과 반대 방향으로 회전한다.

커브의 종류에는 12-6 커브, 파워 커브, 너클 커브가 있다. 커브는 슬라이더와 함께 변화구의 양대 산맥으로 꼽히며 야구 역사상 최초로 개발된 변화구이다.

커브는 볼이 투수 쪽에서 포수 쪽으로 회전하기 때문에 공의 위쪽에 강한 저항이 걸리게 되어 큰 포물선을 그리며 아래로 떨어진다.

슬라이더

1863년 윌림엄 아서 커밍스가 조개껍데기를 던지다 발명한 커브볼은 야구판에 큰 변화를 가져다 주었다. 흔히 말하는 속구, 포심 패스트볼 같은 빠른 볼만 던지던 투수들은 공에 완급을 주며, 타자들과의 수 싸움에서 유리함을 점하게 된다. 하지만 커브는 곡선으로 큰 포물선을 그리며 날아오기 때문에 구사하기도 어렵고 자칫 타이밍을 읽히게 되면 장타의 위험성이 크다는 약점이 있다.

1920년대부터 라이브볼 메타를 맞이한 메이저리그 타자들은 이런 커브볼의 타이밍에 익숙해지며 당겨 치는 타격으로 홈런을 만들어 냈고, 투수들은 타자들과의 승부에서 또 한 번 어려움을 겪게 된다. 그래서 영웅처럼 등장한 변화구가 슬라이더다. 바깥쪽

으로 휘어져 나가는 슬라이더는 당겨 치는 타자들의 골머리를 아프게 하는 변화구가 된다.

일부에선 치프 벤더가 슬라이더를 개발했다고 알려져 있지만 슬라이더는 언제부터 던졌고, 누가 발명했는지 정해진 기록이 없다고 한다.

오히려 커브보다 먼저 발명된 변화라는 설도 있지만 본격적으로 보급되어 사용된 건 1950년대부터라는 것이 지배적이다. 슬라이더는 커브볼보다 각이 크지 않고 포심과 커브 중간 정도의 속도를 유지하며, 작고 날카롭게 횡으로 휘어져 나가기 때문에 타자들이 커브보다 대처하기 힘들다. 또한 팔꿈치나 손목을 과하게 틀지 않아도 위력적이어서 중고등학생 투수들도 손쉽게 던질 수 있다. 사회인 야구 투수들도 1~2주면 던질 수 있을 정도로 많은 투수들이 애용하고 있다.

하지만 한편에서는 부상의 위험이 크다는 지적도 있다. 특히 팔꿈치에 치명적이라는 의견도 있어 여전히 갑론을박 상태이다. 사람의 눈은 횡으로 휘어져 나가는 물체에 금방 적응한다고 해서 최근 현대야구에서는 종으로 떨어지는 슬라이더 구속을 높여 던지는 고속 슬라이더 등 다양한 슬라이더가 등장하고 있다.

스크루볼

기록에 따르면 가장 먼저 스크루볼을 던진 투수는 메이저리그 역사상 세 번째로 300승을 돌파한 미키 웰치다. 스크루볼은 역회전을 해서(일명 리버스 커브볼이라고 한다) 말 그대로 커브의 반대 효과를 내는 구질이다(즉 오른손 투수가 던지는 공은 왼손 타자의 바깥쪽으로 크게 휘며 떨어진다). 스크루볼의 특성상 우타자를 상대하는 좌투수들이 주로 사용하며 커브나 슬라이더와 같은 변화구들이 변화하는 방향과 반대의 움직임을 보이기 때문에 제대로 구사한다면 큰 위력을 발휘할 수 있다.

그렇지만 스크루볼은 공을 던질 때 손목을 무리하게 안쪽에서 바깥쪽으로 비틀어야 하므로 '양날의 칼'이라 불릴 정도로 팔꿈치에 많은 부담을 준다. 메이저리그 역사상 스크루볼을 가장 잘 구사한 것으로 알려진 칼 허벨은 1934년 개최한 올스타전에 내셔널리그 선발투수로 등판해 당대 최고 타자들인 베이브 루스, 루 게릭, 지미 폭스, 알 시몬스, 조 크로닌을 연속 삼진으로 돌려세우는 진기한 장면을 연출했다. 그러나 칼 허벨은 편한 자세로 서 있을 때 손바닥이 바깥쪽으로 향할 만큼 왼쪽 팔꿈치가 크게 뒤틀려 있었다.

과거 다저스의 페르난도 발렌수엘라가 1981년 내셔널리그 신인왕과 사이영상을 동시에 수상했을 때 스크루볼을 주무기로 사용해 맹위를 떨쳤다. 발렌수엘라는 스크루볼로 멕시코 야구의 영웅으로 떠올라 아직도 다저스 팬들의 사랑을 듬뿍 받고 있다.

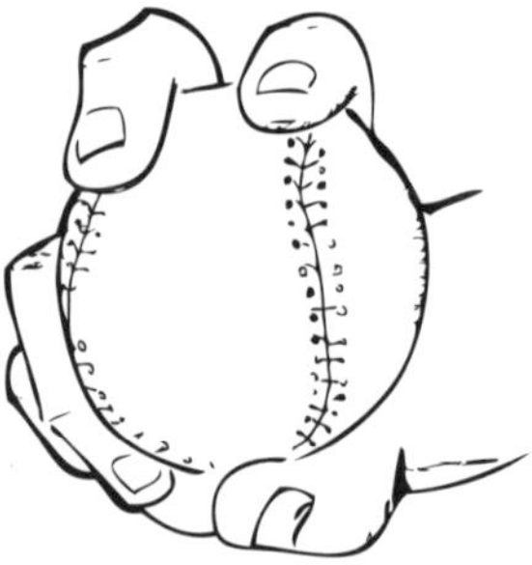

체인지업

야구가 발전해 오며 피칭 또한 많은 발전을 이루어 왔다. 빠른볼에 종으로 떨어지는 커브볼, 횡으로 휘어져 나가는 슬라이더가 보급되며 투수들은 타자들과의 수 싸움에서 한층 더 진화하기 시작했다. 하지만 커브도 슬라이더도 변화는 주지만 완급을 주는 데는 어느 정도 무리가 있었다. 그래서 이번에는 빠른볼에 완급을 주기위해 등장하기 시작한 변화구가 오프 스피드 피치, 현대야구의 상징과도 같은 변화구, 바로 체인지업이다.

체인지업은 직구처럼 느리게 날아오다 큰 낙차를 그리며 떨어져 타자들의 눈을 속이는 변화구로, 수많은 투수들을 월드 클래스 반열에 올려놓은 마법의 변화구이기도 하다.

체인지업의 그립은 상당히 다양하다. 일반 체인지업은 세 손가락으로 잡기도 하고, 1990년대 메이저리그에서 유행하기 시작한 류현진 선수의 주무기이기도 한 써클 체인지업은 오케이 비슷한 모양으로 그립을 잡는다. 일반 체인지업은 회전 없이 낙차가 크게 떨어지는 반면 써클 체인지업은 조금 더 역회전이 걸려 떨어지기도 한다.

일본 리그에서 활약했던 체인지업 장인 스기우치 도시야는 정말 독특한 그립을 쥐며 던지기도 했다. KIA의 이범호 전 야구선수는 이 그립을 소프트뱅크에서 배워 후배들에게 전파했지만 아무도 제대로 활용하지 못했다고 한다. 이 외에도 투수들은 각자 손에 맞게 다양한 그립을 통해 던지기도 한다.

크리스 페덱 선수가 던져서 널리 알려진 발칸 체인지업은 보통의 체인지업과는 다르게 속도의 변화보다 포크볼처럼 빠르게 낙차를 그리며 떨어진다.

체인지업은 속도의 변화를 주어 타자들의 타이밍을 뺏기 용이하며 무엇보다 팔꿈치를 무리하게 쓰지 않아도 되기 때문에 부상 위험성도 적다는 게 학계의 정설이다.

그리고 다른 구종들과 다르게 오히려 속도를 느리게 할수록 더 효과적이라는 의견도 많다. 타자들이 정말 잘 던지는 투수들의 체인지업을 표현할 때 '공이 눈 앞에서 사라진다'라는 말을 종종한다. 그만큼 낙폭도 크고 타이밍 뺏기도 쉽다. 또 땅볼 유도에 용이하여 최근에는 아마추어 야구 투수들도 체인지업을 마스터하기 위해 안간힘을 쓰고 있다.

하지만 체인지업은 던지기 어렵다는 단점이 있다. 제구도 어렵고, 무엇보다 체인지업은 포심 패스트볼을 던질 때 폼과 똑같이 던져야 큰 위력을 발휘할 수 있는데, 어설프게 던지면 그냥 느린 볼을 던지는 것이나 다름없다.

어린 시절부터 체인지업에 익숙해지면 기술 속도가 늦어질 수 있고, 구속 향상에 어려움을 겪을 수 있기 때문에 속구를 먼저 제대로 완성하고 배우는 게 좋다는 의견들도 많다.

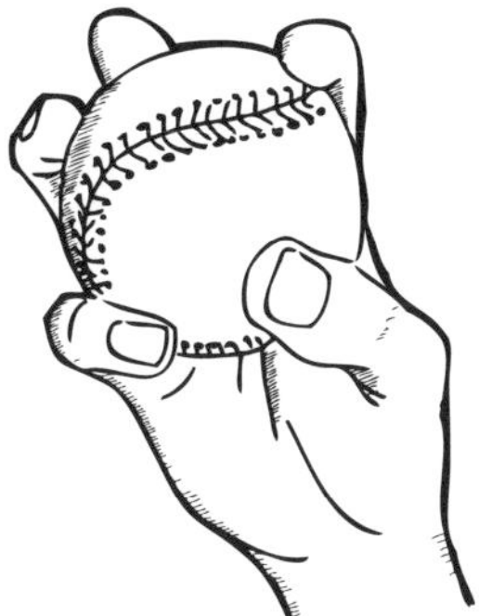

포크볼

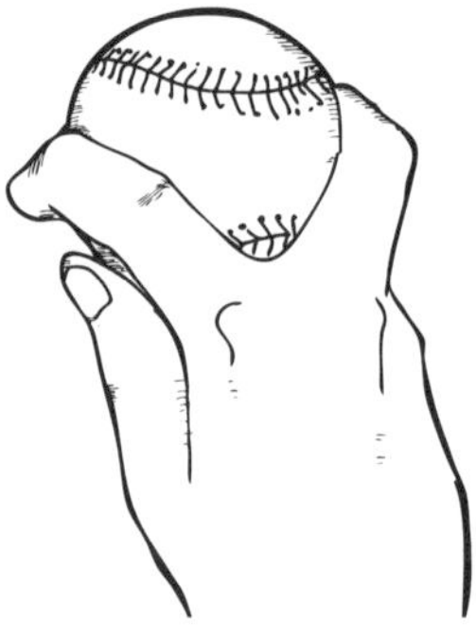

일본 투수들이 많이 던져 대다수가 일본에서 만들어진 구종이라 생각하는 경우가 많은데 원조는 미국이다. 1910년대 조 부쉬라는 선수가 고안했다고 알려져 있다.

미국의 경우 정통 포크볼은 거의 사라지고 스플리터가 대세가 됨에 따라 제대로 던지는 법도 잊게 되어 스플리터와 많이 혼동하고 있다. 일본도 스플리터를 반 포크볼이라 부를 정도로 구분을 명확히 해놓지 않아서 많이 혼동하고 있다. 포크볼은 사실 스플리터와 꽤 많은 점에서 차이를 나타내는 구종이다. 그립이 비슷하다고는 하나 그 그립조차도 스플리터와 확연히 다른 목적을 위해 존재한다.

우선 그립은 스플리터보다 손가락을 훨씬 넓게 벌린다. 사실상 공의 양 끝을 검지와 중지로 잡는 셈이다. 그리고 그 상태로 공을 던지되 손목으로 스냅을 주어 역회전이 아닌 탑스핀, 커브볼과 같은 회전을 준다. 이렇게 되면 커브 항목에 있지만 커브의 최대 단점인 느린 구속, 손목 힘이 제대로 전달되지 않아 발생할 수 밖에 없는 현상을 해소할 수 있다. 대신 커브처럼 공의 탑스핀에 많은 힘을 줄 수는 없어 그만큼 낙차는 좀 덜하다. 패스트볼과 커브의 중간 형태라고 보면 될 것 같다. 잘 사용하면 매우 강력한 구종임에는 분명하다.

그러나 포크볼은 우선 손가락이 매우 길어서 중지과 검지의 끝도 아니고 중간 부분으로 공의 양 끝을 잡을 수 있을 정도가 되어야 한다. 그래서 신체 조건이 안 되면 무슨 수를 써도 던질 수 없는 구종이다. 거기에 손가락을 무리해서 벌려 공을 고정시켜야 하므로 악력 소모 및 손가락에 무리가 심하게 간다. 공에 탑스핀을 주기 위해 손목을 인위적으로 꺾는 동작에서 어깨와 손목 근육에도 무리가 오기 때문에 통계적으로나 인체역학적으로나 부상 위험이 높은 구종이라는 게 중론이다.

너클볼

너클볼은 공이 날아갈 때의 회전을 최소화한 구종을 가리킨다. 공에 회전이 거의 없어서 공 주변의 공기가 실밥에 걸려 혼란스러운 난기류가 되고, 이 때문에 움직임을 예측하기 힘들다. 타자가 공을 치기 어렵지만 투수 또한 공을 원하는 곳으로 던지기 어렵다. 이러한 어려움은 공을 안전하게 잡아내야 하는 포수와, 공이 스트라이크인지 볼인지 판별해야 하는 심판에게까지 영향을 미치게 된다.

5

타자 용어

리드오프

리드오프란 야구에서 경기 시작이나 매 이닝 때 팀의 첫 번째 타자로 나와 공을 치는 것을 말하는데 한마디로 '선두타자'를 의미한다.

테이블세터

테이블세터란 각 팀의 1번, 2번 타자를 말한다.

대부분 그 팀에서 9명의 타자 중 제일 잘 치는 타자가 4번 타자라 알고 있을 것이다.

물론 맞는 얘기다. 타율이 제일 좋고, 장타도 잘 칠 수 있는 선수를 4번에 배치하는 것이 당연하다. 그 이유는 1번 타자 또는 2번 타자가 출루했을 경우 3아웃이 되기 전 반드시 타석에 올라갈 수 있는 4번 타자가 안타나 홈런을 칠 경우 점수를 낼 확률이 높아지기 때문이다. 보통 타율, 장타율 등이 가장 높은 선수를 4번에 배치한다.

이렇게 1번 또는 2번 타자가 출루하게 되면 점수를 낼 수 있는 확률이 높아지기 때문에 출루율이 높고, 발이 빨라 도루 성공률이 높은 선수를 1번, 2번에 대부분 배치하는 것이다.

테이블세터는 '점수를 내기 위해 세팅을 한다'는 뜻으로 '밥상을 차리는 사람들' 정도로 생각하면 되는데, 각 팀의 1번, 2번 타자들이 그 역할을 수행하기 때문이다.

클린 업 트리오

앞에서 설명한 테이블세터들이 점수를 낼 수 있는 밥상을 차린 상태에서 3번, 4번, 5번 타자가 안타나 홈런을 치게 되면 출루를 한 1번, 2번 타자는 홈으로 들어오게 된다. 그래서 점수를 낼 수 있는 확률이 가장 높은 3번, 4번, 5번 타자를 '클린 업 트리오'라고 한다.

출루한 타자들을 깨끗이 홈으로 들여보낸다는 의미로 깨끗하게 먹어 치운다, 청소한다는 의미의 '클린 업'이고 3번, 4번, 5번 3명이기 때문에 '트리오'이다.

〈KBO 리그 역대 최강 클린 업 트리오〉

시즌	클린 업	소속	닉네임	선수 합계 성적
1983년	김성한-김봉연-김종모	해태	KKK 타선	.321 40홈런 300안타 143타점
1999년	제이 데이비스-댄 로마이어-장종훈	한화	다이너 마이트	.302 102홈런 446안타 301타점
2000년	타이론 우즈-김동주-심정수	두산	우동수 트리오	.320 99홈런 448안타 308타점
2003년	이승엽-마해영-양준혁	삼성	이마양 트리오	.307 127홈런 451안타 359타점
2010년	홍성흔-이대호-카림 가르시아	롯데	홍대갈 트리오	.324 96홈런 433안타 332타점
2011년	이범호-최희섭-김상현	KIA	LCK포	.278 40홈런 255안타 178타점
2013년	이택근-박병호-강정호	넥센	LPG포	.298 68홈런 411안타 279타점
2015년	나성범-이호준-에릭 테임즈	NC	나이테 트리오	.340 99홈런 496안타 385타점

20-20

야구에서 한 타자가 한 시즌에 20홈런 & 20도루를 기록하는 것이다. 20홈런(호타), 20도루(준족)를 모두 이루는 것이기 때문에 한국에서는 호타준족(야구에서 타격 능력과 빠른 발을 모두 갖춘 선수)의 상징으로 여겨지는 기록이다.

〈역대 20-20 달성 선수〉

순서	연도	선수	소속	결과
1	1989	김성한	해태 타이거즈	26홈런 32도루
2	1991	이호성	해태 타이거즈	21홈런 25도루
3		장종훈	빙그레 이글스	35홈런 21도루
4	1992	이정훈	빙그레 이글스	25홈런 21도루
5		송구홍	LG 트윈스	20홈런 20도루
6		이순철	해태 타이거즈	21홈런 44도루
7	1994	김재현	LG 트윈스	21홈런 21도루
8	1996	박재홍	현대 유니콘스	30홈런 36도루
9		양준혁	삼성 라이온즈	28홈런 23도루
10		이종범	해태 타이거즈	25홈런 57도루
11	1997	이종범	해태 타이거즈	30홈런 64도루
12		양준혁	삼성 라이온즈	30홈런 25도루
13		박재홍	현대 유니콘스	27홈런 22도루
14		최익성	삼성 라이온즈	22홈런 33도루
15		홍현우	해태 타이거즈	22홈런 20도루
16	1998	박재홍	현대 유니콘스	30홈런 43도루
17	1999	이병규	LG 트윈스	30홈런 31도루
18		신동주	삼성 라이온즈	22홈런 26도루
19		양준혁	해태 타이거즈	32홈런 21도루
20		제이 데이비스	한화 이글스	30홈런 35도루
21		홍현우	해태 타이거즈	34홈런 31도루
22		송지만	한화 이글스	22홈런 20도루
23	2000	박재홍	현대 유니콘스	32홈런 30도루
24		송지만	한화 이글스	32홈런 20도루
25		제이 데이비스	한화 이글스	22홈런 21도루
26	2001	매니 마르티네스	삼성 라이온즈	25홈런 28도루
27		박경완	현대 유니콘스	24홈런 21도루

28	2003	이종범	KIA 타이거즈	20홈런 50도루
29	2007	양준혁	삼성 라이온즈	22홈런 20도루
30	2008	덕 클락	한화 이글스	22홈런 25도루
31	2009	덕 클락	히어로즈	24홈런 23도루
32		신명철	삼성 라이온즈	20홈런 21도루
33		강봉규	삼성 라이온즈	20홈런 20도루
34	2012	강정호	넥센 히어로즈	25홈런 21도루
35		박병호	넥센 히어로즈	31홈런 20도루
36		최정	SK 와이번스	26홈런 20도루
37	2013	최정	SK 와이번스	28홈런 24도루
38	2014	야마이코 나바로	삼성 라이온즈	31홈런 25도루
39	2015	에릭 테임즈	NC 다이노스	47홈런 40도루
40		짐 아두치	롯데 자이언츠	28홈런 24도루
41		나성범	NC 다이노스	28홈런 23도루
42		야마이코 나바로	삼성 라이온즈	48홈런 23도루
43	2016	황재균	롯데 자이언츠	27홈런 25도루
44		김하성	넥센 히어로즈	20홈런 28도루
45	2017	로저 버나디나	KIA 타이거즈	27홈런 32도루
46		손아섭	롯데 자이언츠	20홈런 25도루
47		박건우	두산 베어스	20홈런 20도루
48	2018	제라드 호잉	한화 이글스	30홈런 23도루
49		로저 버나디나	KIA 타이거즈	20홈런 32도루
50		손아섭	롯데 자이언츠	26홈런 20도루
51	2020	김하성	키움 히어로즈	30홈런 23도루
52		애런 알테어	NC 다이노스	31홈런 22도루
53	2021	구자욱	삼성 라이온즈	22홈런 27도루
54		추신수	SSG 랜더스	21홈런 25도루
55		애런 알테어	NC 다이노스	32홈런 20도루

30-30

프로야구에서 한 시즌 동안 30홈런과 30도루를 동시에 기록한 선수들을 가리킨다. 하위 버전으로 20-20 클럽, 상위 버전으로 40-40 클럽이 존재한다.

〈역대 30-30 달성 선수〉

순서	연도	선수	기록	비고
1	1996	박재홍	30홈런, 36도루	KBO 최초 외야수 최초 2관왕(홈런/타점), 신인왕, 골든글러브
2	1997	이종범	30홈런, 64도루	KBO 최초 트리플 스리 달성 세계 유일무이 30-60 달성 내야수 최초 도루왕, 한국시리즈 MVP/골든글러브
3	1998	박재홍	30홈런, 43도루	개인 2번째 달성 골든글러브
4	1999	홍현우	34홈런, 31도루	
5	1999	이병규	30홈런, 31도루	좌타자 최초 골든글러브
6	1999	제이 데이비스	30홈런, 35도루	외국인 최초
7	2000	박재홍	32홈런, 30도루	유일무이 개인 3번째 달성
8	2015	에릭 테임즈	47홈런, 40도루	최소 경기(112경기) 유일무이 40-40 달성 4관왕(타율/득점/장타율/출루율), MVP, 골든글러브

40-40

한 시즌에서 40개의 홈런과 40개의 도루를 기록한 선수들을 지칭하며 20-20, 30-30의 상위 버전이다. 일본 프로야구에서는 전무하며, 메이저리그 베이스볼에서도 단 4명의 선수만이 달성한 대기록이다. KBO 리그에서는 아시아 최초로 에릭 테임즈가 달성했다.

역대 메이저리그 40-40 달성				
순서	연도	선수	소속팀	기록
1	1988	호세 칸세코	오클랜드	42홈런, 40도루
2	1996	배리 본즈	샌프란시스코	42홈런, 46도루
3	1998	알렉스 로드리게스	시애틀	42홈런, 40도루
4	2006	알폰소 소리아노	워싱턴	46홈런, 41도루
역대 KBO 리그 40-40 달성				
순서	연도	선수	소속팀	기록
1	2015	에릭 테임즈	NC 다이노스	47홈런, 40도루

사이클링 히트

사이클링 히트는 한 타자가 같은 경기에서 안타, 2루타, 3루타, 홈런을 친 경우이다.

야구에서 투수가 수립하기 가장 어려운 기록이 퍼펙트 게임이라고 하면 타자가 달성하기 어려운 기록 중 하나가 바로 사이클링 히트일 것이다. 사이클링은 주기, 순환, 자전거를 의미하는 단어로 가장 작은 것부터 가장 큰 것까지 다 이루어지는 경우를 뜻하기도 한다. 현재까지 국내 프로야구에서는 사이클링 히트가 모두 29번 기록되었으니 통계적으로는 약 2년에 한 번 꼴로 기록이 달성된 것이다. 1987년, 1996년, 2001년에는 한 해에 두 명의 선수가 기록을 달성하였으며, 삼성 라이온즈의 양준혁 선수는 1996년 8월 23일과 2003년 4월 15일 현대 유니콘스를 상대로 기록을 달성함으로써 유일하게 두 번의 사이클링 히트를 기록한 선수로 기록되었다. 그리고 LG의 이병규 선수가 2013년 7월 5일 넥센전에서 만 38세 8개월 10일로 역대 최고령 사이클링 히트 기록을 세우기도 했다.

사이클링 히트를 기록하는 데 가장 걸림돌이 되는 안타는 홈런이 아니라 3루타다. 홈런은 펜스를 넘기면 그만이지만 3루타는 타구가 떨어지는 지점, 수비수의 위치 또는 포구 동작, 중계 플레이, 타자주자의 빠른 발등이 복합적으로 작용해야 나올 수 있는 안타이기 때문이다. 미국에서는 '힛 포 더 사이클'이라고 한다.

〈KBO 리그 역대 통산 사이클링 히트〉

순서	선수명	날짜	상대팀	비고
1	오대석	1982년 6월 12일	삼미	역대 최초 사이클링 히트, 삼성 라이온즈 창단 첫 사이클링 히트
2	이강돈	1987년 8월 27일	OB	빙그레 이글스 창단 첫 사이클링 히트
3	정구선	1987년 8월 31일	청보	롯데 자이언츠 창단 첫 사이클링 히트, KBO 역사상 한 시즌에 사이클링 히트가 처음으로 두 번 나온 시즌

4	강석천	1990년 8월 4일	태평양	
5	임형석	1992년 8월 23일	롯데	두산 베어스 창단 첫 사이클링 히트
6	서용빈	1994년 4월 16일	롯데	LG 트윈스 창단 첫 사이클링 히트
7	김응국	1996년 4월 14일	한화	단타-2루타-3루타-홈런을 순서대로 기록(유일무이)
8	양준혁	1996년 8월 23일	현대	
9	매니 마르티네스	2001년 5월 26일	해태	외국인 선수 첫 번째 사이클링 히트
10	전준호	2001년 7월 6일	삼성	현대 유니콘스 창단 첫 사이클링 히트
11	양준혁	2003년 4월 15일	현대	개인 통산 2번째 사이클링 히트
12	신종길	2004년 9월 21일	두산	역대 최연소 사이클링 히트
13	안치용	2008년 6월 26일	삼성	
14	이종욱	2009년 4월 11일	LG	
15	이병규	2013년 7월 5일	넥센	역대 최고령 사이클링 히트
16	오재원	2014년 5월 23일	한화	
17	에릭 테임즈	2015년 4월 9일	KIA	NC 다이노스 창단 첫 사이클링 히트, 외국인 선수 두 번째 사이클링 히트
18	에릭 테임즈	2015년 8월 11일	넥센	역대 최초 한 시즌 두 번째 사이클링 히트
19	김주찬	2016년 4월 15일	넥센	KIA 타이거즈 창단 첫 사이클링 히트
20	박건우	2016년 6월 16일	KIA	
21	최형우	2016년 8월 18일	KT	KBO 역사상 한 시즌에 사이클링 히트가 처음으로 세 번 나온 시즌
22	서건창	2017년 4월 7일	두산	넥센 히어로즈 창단 첫 사이클링 히트
23	정진호 (1988년)	2017년 6월 7일	삼성	역대 최소 이닝(5회), 두산 베어스 창단 첫 사이클링 히트 5회 달성
24	로저 베르나디나	2017년 8월 3일	KT	외국인 선수 네 번째 사이클링 히트
25	멜 로하스 주니어	2018년 5월 29일	삼성	KT 위즈 창단 첫 사이클링 히트, 스위치히터 최초
26	김혜성	2020년 5월 30일	KT	최연소 역대 2위

27	오윤석	2020년 10월 4일	한화	역대 최소 이닝(5회), 만루홈런을 포함 사이클링 히트 달성
28	양의지	2021년 4월 29일	삼성	포수 최초 사이클링 히트 달성
29	이정후	2021년 10월 25일	한화	

페어볼과 파울볼

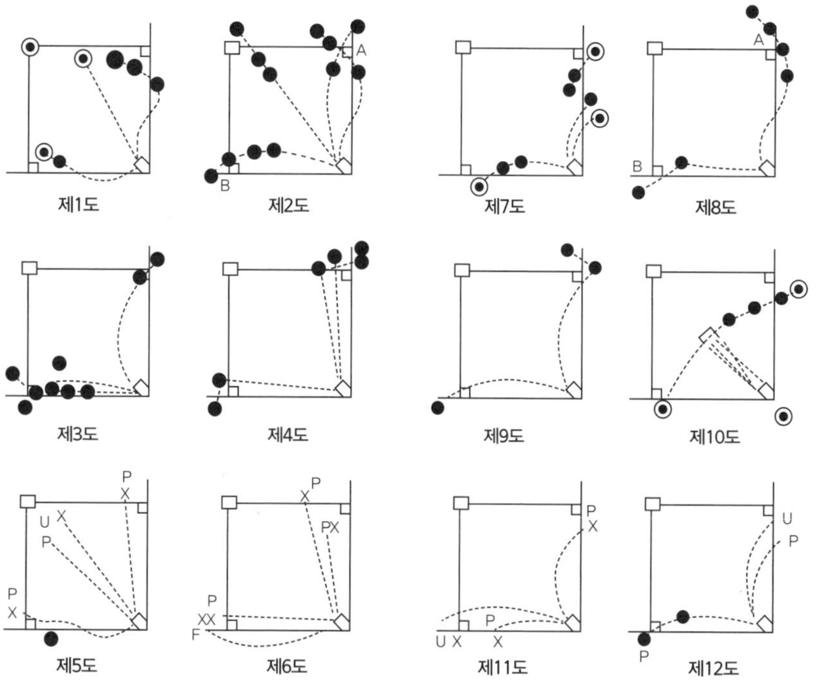

페어볼 파울볼

그림에서 ●은 공이 땅에 닿은 지점이고, ◉은 공이 정지한 지점이다.

---- 선은 공간을 통과한 경로이고 P는 선수, U는 심판을 가리킨다.

① 제1도 : 일단 파울지역에 나가더라도 또다시 내야에서 정지하였을 때에는 페어볼이다.

② 제2도 : 바운드하면서 내야에서 외야로 넘어가는 경우 A, B 두 점을 기준으로 판단하여야 하며, A, B 두 점을 지나갈 때 페어지역 내 또는 그 위쪽 공간이었을 경우는 그 후 파울지역으로 나가더라도 페어볼이다.

③ 제3도 : 베이스에 닿으면 그 뒤 어느 방향으로 굴러가도 모두 페어볼이다.

④ 제4도 : 처음에 떨어진 지점이 내야와 외야의 경계에 해당하는 1~2루 간, 2~3루 간의 선상 또는 외야의 페어지역이면, 그 후 파울지역으로 나가더라도 페어볼이다.

⑤ 제5도 : 페어지역 안 또는 그 위쪽 공간에서 심판원 또는 야수에게 닿았을 경우는 모두 페어볼이다(×표는 지상에 닿은 곳).

⑥ 제6도 : 공이 처음에 야수에게 닿은 위치가 페어지역 안의 위쪽 공간이면 페어볼이다. 이때 비록 그 야수의 몸의 대부분, 즉 발이나 몸통 등이 파울지역에 있더라도 관계없다(P는 야수의 몸의 대부분, ×표는 공이 처음에 야수에게 닿은 위치를 표시한다. 심판원에게 닿았을 경우에도 이 예와 동일하다).

⑦ 제7도 : 타구가 처음에 내야의 페어지역에 닿았더라도 결국 본루~1루간, 본루~3루 간의 파울지역에서 정지한 것은 파

울볼이다.

⑧ 제8도 : 바운드하면서 내야에서 외야로 넘어가는 경우 A, B 두 점을 기준으로 하여 판단하여야 하며 A, B 두 점을 지나칠 때 파울지역 안 또는 그 위쪽 공간이었을 경우는 파울볼이다.

⑨ 제9도 : 처음에 낙하한 지점이 외야의 파울지역이면 그 후 페어지역으로 굴러나가더라도 파울볼이다.

⑩ 제10도 : 공이 야수에게 닿지 않은 채 투수판에 맞고 튀어 포수의 머리 위를 넘거나 1루~본루 간 또는 3루~본루 간의 파울지역으로 나가 정지할 경우는 파울볼이다.

⑪ 제11도 : 공이 야수에게 닿은 위치가 파울지역 안의 위쪽 공간이면 파울볼이다. 야수의 몸의 대부분, 즉 발이나 몸통 등이 페어지역 안에 있더라도 관계없다(P는 야수의 몸의 대부분, ×표는 공이 처음에 야수에게 닿은 위치를 표시한다. 심판원에게 닿은 경우도 동일하다).

⑫ 제12도 : 파울지역 안 또는 그 위쪽 공간에서 야수 또는 심판원의 몸에 닿았을 때는 파울볼이다.

정식경기 규정

① 5회초와 5회말 공격이 끝나기 전 심판원이 경기의 종료를 명하였을 때는 원칙적으로 노게임이 된다.

② 홈팀의 득점이 방문팀의 득점보다 많은 경우에는 5회말을 행하지 않거나, 5회말 도중 경기의 종료를 명하였을 때 정식경기가 된다.

홈팀이 5회말에 득점하여 방문팀과 동점이 되고 그 회가 끝나기 전 경기 종료를 명하였을 때는 정식경기가 된다.

③ 콜드게임은 심판원이 종료를 명하였을 때 양팀의 총득점으로 승패를 결정하는 것이 원칙이다.

④ 방문팀이 홈팀과 동점 또는 리드하는 득점을 초의 공격에서 기록하고 나서 홈팀이 그 말에서 득점하기 전 콜드게임이 되거나 또는 홈팀이 득점하여도 동점이 되기 전이나 다시 리드를 뺏기 전 콜드게임이 된 경우는 일시정지 게임이 된다.

〈정식경기 예시〉

〈예1〉

이닝	1	2	3	4	5	6	7	8	9	
갑	0	0	1	0	2					노게임
을	1	0	2	0	0+∝					

〈예2〉

이닝	1	2	3	4	5	6	7	8	9	
갑	2	0	0	1	0					노게임
을	0	2	0	0	0+∝					

〈예8〉

이닝	1	2	3	4	5	6	7	8	9	
갑	1	0	0	1	2	1				5
을	0	0	0	0	0	6+∝				6

〈예9〉

이닝	1	2	3	4	5	6	7	8	9	
갑	1	0	0	0	1	3				5
을	1	1	1	1	0	3+∝				7

〈예3〉

이닝	1	2	3	4	5	6	7	8	9	
갑	0	1	0	0	2					3
을	1	0	0	3						4

〈예4〉

이닝	1	2	3	4	5	6	7	8	9	
갑	0	1	0	0	2					3
을	1	0	0	3	0+∝					4

〈예5〉

이닝	1	2	3	4	5	6	7	8	9	
갑	0	0	3	0	0					3
을	0	0	2	0	1+∝					3

〈예6〉

이닝	1	2	3	4	5	6	7	8	9	
갑	0	2	0	1	0	5+∝				8
을	0	1	0	0	0					1

〈예7〉

이닝	1	2	3	4	5	6	7	8	9	
갑	1	0	0	1	0	0	1			3
을	0	0	1	0	0	0	0+∝			1

〈예10〉

이닝	1	2	3	4	5	6	7	8	9	
갑	1	0	0	0	1	1				3
을	1	0	2	0	0	2+∝				5

〈예11〉

이닝	1	2	3	4	5	6	7	8	9	
갑	0	1	0	0	2	1+∝				4
을	1	0	0	3	1					5

〈예12〉

이닝	1	2	3	4	5	6	7	8	9	
갑	1	0	0	1	3					5
을	1	1	1	0	2+∝					5

〈예13〉

이닝	1	2	3	4	5	6	7	8	9	
갑	1	0	0	0	1	3				?
을	1	1	1	0	0	1+∝				?

【KBO】일시정지【아마】을의 3-2 승

〈예14〉

이닝	1	2	3	4	5	6	7	8	9	
갑	1	0	0	0	1	1				?
을	0	0	0	3	0	0+∝				?

【KBO】일시정지【아마】을의 3-2 승

지명타자

지명타자란 수비 위치에는 들어가지 않고 투수 대신 타격만 하는 타자를 말한다.

한국에서는 프로야구와 아마추어 야구에서 이 제도를 도입하고 있으며, 미국은 아메리칸리그에서는 적용하지만 내셔널리그는 이 제도를 채택하지 않고 있다. 일본도 퍼시픽리그는 지명타자 제도를 채택하고 있으나 센트럴리그에서는 채택하지 않고 있다.

이 제도가 도입된 것은 1973년이다. 당시 아메리칸리그는 내셔널리그에 비해 좋은 투수들이 많아 투수 위주의 경기가 많이 펼쳐졌다. 이런 영향으로 아메리칸리그는 공격적인 야구를 선호하는 팬들에게 인기를 잃어가고 있었고, 이에 대한 자구책으로 도입한 것이 지명타자 제도다. 타격이 약한 투수 대신 타자를 한 명 더 기용한다면 각 팀의 공격력이 강화될 것이라는 생각에서였다. 그러나 아메리칸리그에서 지명타자 제도가 실행된 후 몇 년 동안의 기록을 분석해 본 결과, 시행 이전에 비해 득점이나 평균타율이 눈에 띄게 향상되지 않은 것으로 나타났다. 그리고 그 원인은 다음과 같이 분석되었다.

첫째, 지명타자로 쓸 정도의 강타자는 수비가 불안하더라도 이미 주전으로 기용되고 있었다.

둘째, 타격에 대한 부담을 벗어버리자 투수로서의 능력이 더욱 향상되는 효과가 투수들에게 나타났다. 투수가 타격을 겸하면 마운드에 올라 투구할 때 일반인이 상상하기 힘들 정도로 엄청난 신체적 부담을 받기 때문이다. 따라서 공격력이 강화된 것 못지않게 투수들의 능력도 상승하면서 그 효과가 상쇄된 것이다.

지명타자 도입의 효과

① 수비가 불안한 선수가 타격에서의 장타력을 보유한 경우가

이에 속한다.

② 투수들이 타격에 대한 부담감을 벗어버리고 투수로서의 능력이 더욱 향상되는 상승 효과가 나타난다.

③ 투수가 타격을 겸하게 되면 마운드에 올라 투구할 때 그 체력적 부담은 상상하기도 힘들 정도로 엄청나게 많기 때문이다.

지명타자가 수비 위치로 들어가는 경우

지명타자가 야수로 전환되는 동시에 그 수비 위치에 있던 야수는 아웃이 되고, 투수는 지명타자 대신 타석에 들어가게 되면, 지명타자 제도는 효력을 상실하게 된다.

사회인 야구의 경우 투수가 타석에 들어가게 되는 경우는 대개 이런 이유로 발생하게 되는 것이다.

특히 경기 후반 대타 기용을 많이 하다가 수비 위치에 기용할 마땅한 선수가 없어 지명타자가 수비에 들어갈 수 밖에 없는 상황이 발생하는데 이런 경우 투수가 타격을 할 수밖에 없다.

투수가 야수의 수비 위치로 가는 경우

수비 위치로 들어간 투수와, 구원투수는 빠진 야수와 빠진 지명타자의 타순에 들어가야 하며, 지명타자 제도는 소멸된다(이때, 야수로 간 투수와 구원투가 어느 타순에 들어가는지는 감독이 선택할 수 있다).

야수가 투수로 등판하는 경우

이 경우에도 투수로 등판한 야수는 자기 타순을 지키고 있어야 한다. 그 수비에 들어오는 야수가 지명타자의 타순에 들어가고 이때에도 지명타자 제도는 소멸된다.

1980년대 MBC 청룡의 유격수였던 김재박 감독이 깜짝 구원투수로 등판하여 타자를 병살 처리함으로써 위기를 넘긴 적이 있었다.

지명타자의 타순에 투수가 대타로 들어가는 경우

지명타자 제도는 소멸되고 투수가 다음 타석부터 들어가게 된다. 그러나 실제 경기에서 이런 상황이 나올 가능성은 매우 희박하다.

위의 네 가지 경우에서 지명타자 제도가 소멸되어야 하는 근거는, 지명타자 제도가 소멸되지 않으면 동일 선수가 2회 이상의 타순에 들어가는 현상을 배제할 수 없으며, 이는 동일 선수가 2회 이상의 타순에 들어설 수 없다는 야구 규칙에 위배되기 때문이다.

타율(BA, Batting Average)

타율은 가장 기본적이며 널리 사용하는 타격 지표이며, 가장 오래된 야구 통계 수치 중 하나다.

야구의 아버지로 불리는 헨리 채드윅(Henry Chadwick, 1824~1908)이 도입한 개념으로 여기서 타수(AB)는 At Bat, 즉 타격 행위를 한 경우로 타석수(PA)와는 다른 개념이다. 타석수(PA, Plate Appearance)는 단순히 타석에 들어선 횟수를 말하는 것이다.

타수(AB, At Bat) 산정 시 희생타(희생번트, 희생플라이), 볼넷(4구), 몸에 맞는 볼(사구, Hit by Pitch) 등은 포함하지 않는다. 예를 들어 A타자가 5번 타석에 들어서 안타 1개, 볼넷 1개, 아웃 2번, 희생번트 1번을 기록했다면 A타자는 5타석 3타수 1안타, 타율 .333(3할 3푼3리)이 된다.

헨리 채드윅은 스포츠 기자, 야구 기록가로, 초창기 야구의 규칙서를 발간하고 야구의 기록 방법과 성적 지표 등을 창안했다. 이에 1938년 야구 발전 공로를 인정받아 명예의 전당에 헌액되었다.

한국 프로야구 역대 최고 타율 기록은 백인천(MBC 청룡, 1982년)의 .412이며, 이는 유일한 4할 타율 기록이다.

〈KBO 리그 역대 한 시즌 최고 타율〉

순위	시즌	선수	타율
1	1982	백인천	.412
2	1994	이종범	.393
3	1987	장효조	.387
4	2015	에릭 테임즈	.381
5	2016	최형우	.376
6	1985	장효조	.373
7	1999	마해영	.372
8	2009	박용택	.372
9	2009	홍성흔	.371
10	2014	서건창	.370

3할 타율의 예술

타자들이 타석에 들어설 때 10번에 3번만 칠 수 있다는 '3할 타율의 예술.' 왜 4할, 5할, 6할, 7할, 8할, 9할의 선수는 없을까?

물론 3할대 타자도 엄청 잘하는 것이지만 어떤 통계학적 비밀이 숨어있어 3할대만 존재하는 것일까?

야구에서 3할은 타격의 수준을 가늠하는 가이드 라인이다.

일단 타자가 3할을 넘기는 수준의 타격이 가능하게 되면 핀치 상황에서 거의 대타로 교체되는 수모는 없다.

그렇다면 왜 3할이 예술이라고 표현되는 것일까?

투수의 공은 홈플레이트까지 도달하는데 약 1초도 걸리지 않는다고 한다. 따라서 타자는 약 1초 안에, 더 정확히는 대략 0.45초 안에 이것을 칠 것인지 말 것인지를 결정하고 온몸을 움직여 공을 쳐내야 한다.

여기서 끝나는 게 아니다. 포수를 비롯해서 내야와 외야에 득실거리는 야수들이 두 눈을 집중하며 공을 잡기 위해 안간힘을 쓴다. 따라서 이런 초인적인 능력은 반복된 훈련과 천부적 자질을 통해 안타를 생산해 내는 것이다. 결과적으로 봤을때 3할은 물론 그 이상의 4할은 예술이 아니라 기적이라고 표현할 수 있다. 3할 5푼만 치더라도 투수는 공을 던질 곳이 없다고 푸념하기 때문이다.

장타율(SLG, Slugging Percentage)

흔히 장타(홈런 포함 2루타 이상 안타)라는 용어 때문에 장타율이 장타를 얼마나 쳤는지 나타내는 것이라고 오해하는 경우가 많다. '장타율(SLG)=총루타/타수' 공식에서 알 수 있는 것처럼 장타율은 단타를 포함, 타수당 몇 출루가 가능한지(또는 얼마나 멀리 출루하는지) 나타내는 지표이다.

예를 들어, A타자의 장타율이 2.0이라면 해당 선수는 매 타수당 2루의 진루를 기대할 수 있다는 뜻이다.

한편 장타율이 단타를 포함하는 개념이기는 하지만 동일 타수 동일 안타의 선수라 할지라도 단타보다 2루타 이상 장타를 많이 치는 선수가 결과적으로 총루타가 높아져 장타율이 높게 나타난다.

순장타율(ISOP, Isolated Power)

앞의 설명처럼 장타율은 단타를 포함하는 개념이고 이를 보완하여 2루타 이상의 장타만을 수치화한 기록이 순장타율이다.

순장타율(ISOP) = 장타율 - 타율

왜 타율을 빼면 순장타율이 되는지 의아해하는 독자도 있을 것이다. 타율의 개념이 2루타든 홈런이든 모두 1안타로 보기 때문에 이는 단타와 동일하고, 결국 장타율에서 단타를 제외해서 순장타율을 구하려면 간단하게 '장타율-타율'이 되기 때문이다.

출루율(OBP, On Base Percentage)

타자가 얼마나 자주 베이스에 진출하는지를 나타내는 수치이다.

출루율(OBP) = (안타 + 볼넷 + 몸에 맞는 볼) / (타수 + 볼넷 + 몸에 맞는 볼 + 희생플라이)

식에서 알 수 있는 것처럼 가장 이상적인 출루율이 1.0이라고 할 때 타자가 안타, 볼넷, 몸에 맞는 볼을 기록하면 출루율은 높아지고, 반대로 아웃이 되거나 희생플라이를 치면 출루율은 낮아진다. 또한 상대 실책의 출루도 타수에 포함되므로 출루율은 낮아진다. 희생번트로 아웃된 경우는 출루율에 영향이 없다.

OPS(On base Plus Slugging)

출루율과 장타율을 합한 것이다. OPS는 세이버메트릭스(Sabermetrics)라 불리는 야구 통계 기록 중 가장 대중적이며, 직관적인 통계 수치이다.

출루율이 타자가 얼마나 자주 출루하는지 보여주는 수치라면, 장타율은 얼마나 멀리 출루하는지 보여주는 수치이다. 즉 두 기록을 합하여 타자가 얼마나 자주 그리고 멀리 출루하는지 수치화한 것이 OPS인 것이다.

보통 OPS가 1.0이 넘으면 특급 선수로 평가하는데 해당 선수는 단타뿐만 아니라 장타도 잘 치고, 볼넷도 잘 얻어내는 선구안 좋은 선수로 볼 수 있다.

6

야구 중계 보는 방법

야구 초보들을 위한 프로야구 시청의 기본 중의 기본! 스코어보드 보는 방법에 대해서 소개해 보겠다.

KBO 프로야구의 인기는 정말 대단하다. 예전엔 단지 남자들이 좋아하는 스포츠로만 인식되던 야구라는 경기가 이제는 가족들과 함께 즐기는 여가생활로 자리 잡은 지 오래되었다.

최근에는 국내 KBO 프로야구 리그의 10구단 경기를 매일 생중계해 주기 때문에 경기를 하는 시간에는 언제 어디서든 시청할 수 있는 시대가 되었다.

스코어보드를 보는 방법 같은 간단한 지식 정도는 알고 본다면 프로야구를 좀 더 재미있게 시청할 수 있을 것이다.

야구 중계를 보면 왼쪽 상단에 스코어보드가 표기되어 있는 것을 알 수 있다. 일반적으로 스코어와 현재 어느 팀이 이기고 있는지 정도만 보고 그냥 넘기는 게 대부분일 것이다. 하지만 이 스코어보드는 많은 상황들을 보여주고 있다.

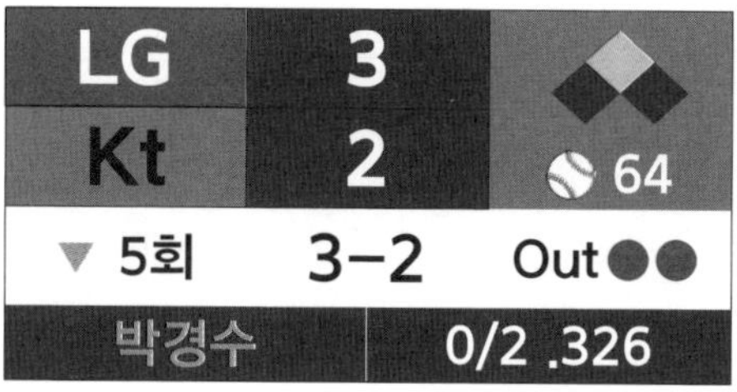

위의 스코어보드 상황을 보면, LG 트윈스가 KT 위즈에 5회말 3:2로 앞서 나가고 있고, 2아웃에 3볼 2스트라이크 상태이다. 주자는 2루에 한 명이 진루해 있고, 현재 투수는 최초 등판한 시점부터 지금까지 투구수 64개를 기록 중이며, 현재 타자는 박경수 선수로, 2타수 무안타, 올해 리그 누적 타율은 .326(3할2푼6리)이라는 뜻이다.

앞에서 야구 경기는 1회부터 9회까지 1회당 한 번씩 초, 말로 나누어 공격, 수비를 1번씩 번갈아 가면서 경기한다고 설명한 바 있다.

위의 스코어보드는 5회라고 쓰여진 곳 앞쪽 주황색 화살표가 아래 방향을 가리키고 있다.

그것은 현재 5회말 공격이 이루어지고 있다는 뜻이다. 만약 화살표가 위쪽을 가리키고 있다면 5회초 공격이 이루어지고 있는 것이다.

그리고 스코어보드에서 팀명의 위치를 보면 상단에 표시된 팀은 초 공격, 하단에 표시된 팀은 말 공격을 진행하는 경기이다. 여기서 초 공격과 말 공격은 원정팀이 초 공격, 홈팀이 말 공격을 하는 것이 대표적 룰이다.

그러므로 이 경기는 KT 위즈의 홈경기로 KT 위즈의 홈구장은 수원 KT 위즈 파크이므로 수원에서 경기가 이뤄지고 있다고 보면 된다.

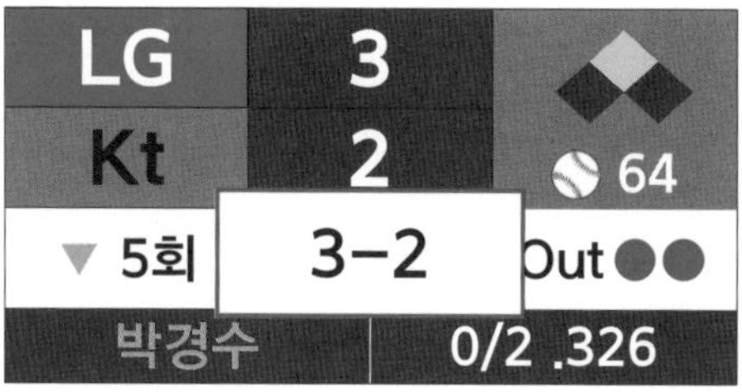

또 스코어보드의 3-2라고 적힌 부분은 현재 타자의 볼카운트가 3볼 2스트라이크라는 뜻이다. 타자가 한 타석에서 3스트라이크면 아웃이 되고, 4볼인 경우 1루까지 자동 진루하게 된다.

스트라이크란 쉽게 말하면 타자가 치기 좋게 날아오는 공이고, 별로 안 좋으면 볼이다.

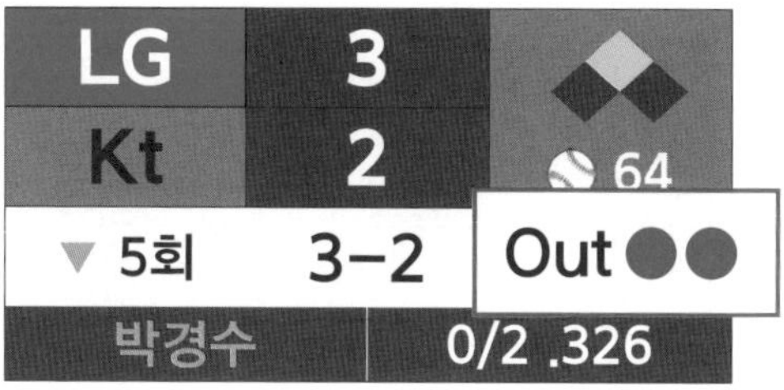

Out 글자와 그 오른쪽 빨간 동그라미 두 개 표시는 현재 5회말 2아웃이 진행되고 있는 상태라는 뜻이다.

야구에서는 1회 공격당 3아웃이 되면 공격이 끝나면서 공격과 수비를 교대한다.

그리고 정사각형의 네모가 다이아몬드처럼 기울어져 우측, 상측, 좌측 이렇게 표시된 것은 1루, 2루, 3루 주자의 진루 상황을 나타내는 것이다.

위에서 상단 네모에만 노란색으로 표시되어 있기 때문에 2루에 주자가 한 명 나가 있음을 알 수 있다.

그 아래쪽 야구공 모양 옆에 적힌 숫자는 현재 던지고 있는 투수의 최초 투구에서 부터 던진 볼의 투구수이다.

대부분의 선발투수가 6회나 7회에 100구 정도의 투구수를 기록하게 되면 다음 투수로 교체해 주는 것이 일반적이다.

각 팀에서는 100구 정도 던지는 선발투수의 경우 선발투수 로테이션을 약 5일 주기로 하여 휴식을 부여하면서 팀을 운영하는 것이 일반적이다.

제일 아래쪽의 이름은 현재 타석에 올라온 타자를 표시한 것이며, 우측의 0/2는 경기에서 두 번 타격을 했는데 안타나 홈런이 없다는 뜻이다.

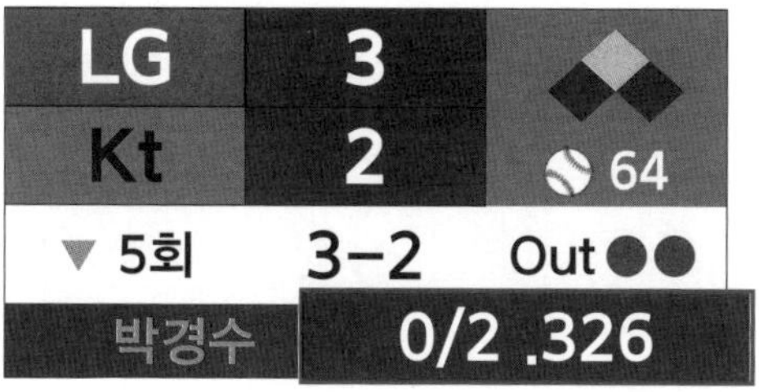

또 우측 하단 .326(3할2푼6리)는 올해 리그가 시작된 다음부터 현재까지의 총타석에 관한 누적타율을 나타낸다.

예를 들어, 리그를 시작하고 100타석에 올랐는데 그중 20타석에서 안타를 쳤다면 20/100으로 계산해서 타율은 .200이 되는 개념이다.

위의 .326은 대충 10번 타석에서 3번 안타나 홈런을 쳤다는 뜻이다. 일반적으로 3할 타자면 타격 컨디션이 좋은 편이라고 할 수 있다.

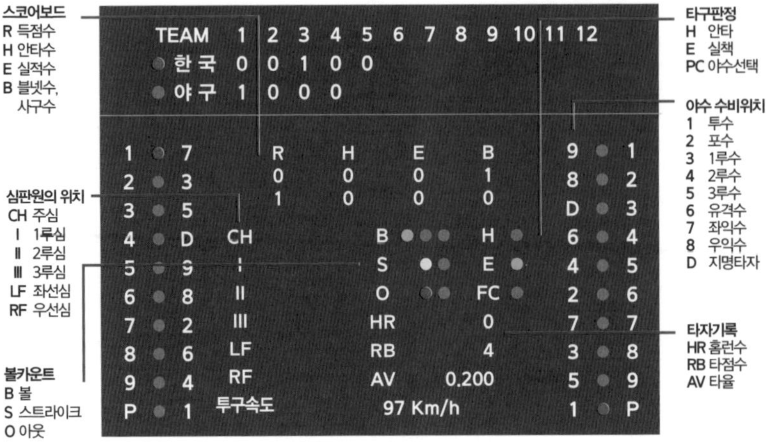

스코어보드
R 득점수
H 안타수
E 실적수
B 볼넷수, 사구수
심판원의 위치
CH 주심
I 1루심
II 2루심
III 3루심
LF 좌선심
RF 우선심
볼카운트
B 볼
S 스트라이크
O 아웃
타구판정
H 안타
E 실책
PC 야수선택
야수 수비위치
1 투수
2 포수
3 1루수
4 2루수
5 3루수
6 유격수
7 좌익수
8 우익수
D 지명타자
타자기록
HR 홈런수
RB 타점수
AV 타율
TEAM 1 2 3 4 5 6 7 8 9 10 11 12
한국 0 0 1 0 0
야구 1 0 0 0
R H E B
0 0 0 1
1 0 0 0
투구속도
97 Km/h

| 야구장 전광판 읽기 |

7 수비 용어

글러브

야구 경기를 위해서는 다양한 장비가 필요하다.

투수의 경우에는 공을 잡은 모양을 숨기기 위해 웹(Web) 부분이 막혀 있는 글러브를 사용하고, 포수의 경우 투수의 빠른 공을 받아야 하기 때문에 다른 포지션에 비해 두껍고 넓은 전용 글러브를 사용한다.

내야수는 잡은 공을 신속하게 빼내어 송구해야 하므로 길이가 짧고 크기가 작은 글러브를, 외야수의 경우 수비 범위가 가장 넓기 때문에 길이가 길고 넓은 글러브를 착용한다.

또한 1루수는 내야 송구와 투수 견제구 등 빠른 공을 자주 받아야 하기 때문에 포수 글러브와 유사한 두껍고 넓은 전용 글러브를 사용한다.

한편 야구 경기에서 타자나 주자가 아웃되는 경우 포스아웃과 태그아웃으로 구분한다. 포스아웃과 태그아웃에 대한 사전적 정의는 다음과 같다.

포스아웃(Force Out)

진루해야 하는 주자가 다음 주자로 인하여 다음 루에서 아웃되는 경우로 포스아웃 상황에서는 수비수가 베이스 위에 신체 일부가 닿은 상태에서 글러브나 손으로 공을 잡아야 한다. 다시 말하면 주자가 꼭 뛰어서 아웃될 때이다.

태그아웃(Tag Out)

주자가 베이스를 벗어난 상황일 때 공을 가진 수비수가 주자를 태그해서 아웃되는 상황이다.

이 경우 수비수가 공을 잡은 글러브나 손으로 주자를 태그하는데 포스아웃과 반대로 뛰지 않아도 될 때 아웃된다.

그러므로 주자에게 뛰어야 할 의무가 있는지의 여부가 매우 중요하다.

먼저 주자가 없는 상황에서 타자가 공을 타격해 공이 땅에 닿으면 타자는 1루 베이스에 진루할 의무가 생긴다. 즉 아웃되지 않은 타자 주자는 1루에 진루할 의무가 있는 포스 상태가 되는 것이다.

따라서 타자 주자는 1루 베이스에 공을 잡은 수비수보다 먼저 도달하게 되면 진루에 성공한다.

1루에 주자가 있는 경우를 살펴보면, 위의 상황과 마찬가지로 타자가 공을 타격해 공이 땅에 닿으면 타자는 1루 베이스에 진루할 의무가 생긴다. 따라서 1루에 있던 주자도 베이스를 비우고 2루로 진루할 의무가 생긴다.

만약 2루로 진루하는 주자가 먼저 아웃된다면 1루로 진루하는 타자 주자는 계속 포스 상황이지만, 1루로 진루하는 타자 주자가 먼저 아웃될 경우 1루로 진루하는 의무가 사라지기 때문에 2루로 진루하는 의무도 함께 사라진다. 자연스럽게 2루 주자는 포스가 아닌 태그아웃 상황으로 바뀌게 된다.

주자가 1루와 2루에 있는 경우도 마찬가지로 타자가 공을 타격해 공이 땅에 닿으면 1루와 2루 주자 모두 다음 베이스로 진루할 의무가 생긴다. 이런 원리를 이해했다면 만루의 경우 모든 주자가 포스아웃 상황이라는 것을 알 수 있을 것이다.

다음으로는 주자 2루, 베이스가 중간에 비어 있는 경우를 살펴보기로 하자. 이때는 타자 주자가 1루에 진루하더라도 1루 주자가 없기 때문에 2루 주자는 3루로 뛸 의무가 없다. 만약 2루 주자가 3루로 뛰기 시작한다면 베이스에 닿아 있지 않은 주자를 태그해야 아웃된다.

투수가 베이스에서 떨어져 있는 주자를 견제할 때도 포스 상황이 아니기 때문에 공을 잡은 수비수는 베이스에서 떨어져 있는 주자를 태그해야 한다.

또한 주자가 도루를 시도하는 것은 꼭 뛰어야 할 의무로 인한 것이 아니기 때문에 수비수는 아직 베이스에 도달하지 못한 주자를 태그해야 아웃시킬 수 있다.

정리해 보면 포스아웃 상황은 다음과 같다.

타자가 친 공이 땅에 닿았을 때 타자 주자는 1루로 뛸 의무를 갖는다. 이전 베이스에 있는 주자가 자신이 있는 베이스로 뛸 의무가 있는 경우, 이전 베이스에 있는 주자가 먼저 아웃될 경우에는 다음 베이스로 진루할 의무는 사라지게 된다.

그리고 태그아웃 상황은 다음과 같다.

베이스에 있는 주자가 투수의 견제를 받을 경우, 주자가 다음 베이스로 도루할 경우, 이전 베이스에 주자가 없는데 다음 베이스로 진루를 시도하는 경우가 포함된다.

수비율(FPCT, Fielding Percentage)

수비율은 야수의 수비 능력을 비교하기 위한 수치로, 다음과 같은 식으로 산정된다.

수비율(FPCT) = [풋아웃(자살) + 어시스트(보살)] / [풋아웃 + 어시스트 + 실책]

여기서 풋아웃(Put Out, 자살)은 야수가 직접 아웃시킨 경우로 플라이볼을 잡거나, 송구를 받아 직업 아웃시킨 것을 말한다.

어시스트(Assist, 보살)는 송구를 통해 아웃카운트를 잡도록 돕는 행위이다. 예를 들어 주자 1루 상황에서 타자가 친 볼을 유격수가 잡아 2루수 → 1루수로의 더블 플레이가 이어졌다면, 기록은 유격수 1보살, 2루수 1자살 + 1보살, 1루수 1자살이 기록된다.

수비율이 실책 대비 수비 정확성을 평가하는 수단이기는 하지만 수비 범위를 고려하는 것이 어렵기 때문에 온전한 수비 능력을 대변하기에는 부족하다.

8

그 외 용어

트레이드

스포츠에서 필요한 전력 향상을 목적으로 팀끼리 소속 선수를 교환하는 것을 말한다.

〈KBO 리그 역대 대표 트레이드〉

일자	대상
1982년 12월 7일	서정환(삼성) ←→ 현금(해태)
1988년 11월 22일	김시진 + 전용권 + 오대석 + 허규옥(삼성) ←→ 최동원 + 오명록 + 김성현(롯데)
1995년 5월 10일	최한림 + 윤혁(쌍방울) ←→ 김현욱 + 류명선(삼성)
1996년 2월 27일	최상덕 + 현금(현대) + 해태 1992년 1차 지명권
1997년 11월 15일	박경완(쌍방울) + 김형남 + 이근엽 + 9억 (현대)

1998년 12월 14일	양준혁 + 곽채진 + 황두성 + 20억(삼성) ← → 임창용(해태)
2000년 3월 24일	손혁(LG) ← → 양준혁(해태)
2004년 1월 14일	이상훈(LG) ← → 양현석 + 오승준(SK)
2009년 4월 20일	김상현 + 박기남(LG) ← → 강철민(KIA)
2011년 7월 31일	박병호 + 심수창 + 15억(LG) ← → 송신영 + 김성현(넥센)

영구결번

뛰어난 활약을 보인 선수가 명예롭게 은퇴할 때 소속팀이 선수에게 수여하는 영광이다.

일단 영구결번된 번호의 경우, 선수가 허락하지 않는 한 팀의 어떤 선수도 유니폼에 결번 번호를 달 수 없다.

구단	선수	등번호	주요 수상
두산	김영신	54	–
	박철순	21	1982년 다승, 승률, ERA 1위
롯데	최동원	11	1984년 KS 우승, 골든글러브, 다승왕, MVP
삼성	이만수	22	홈런왕 3회, 타점 1위 4회, 골든글러브 5회, MVP 1회 등
	양준혁	10	신인왕, 타격왕 4회, 골든글러브 8회, KS 우승 3회 등
	이승엽	36	MVP 5회, KS 우승 4회, 홈런왕 5회, 타점왕 4회 등
한화	장종훈	35	MVP 2회, 골든글러브 2회, 홈런왕 3회, 타점 1위 3회 등
	송진우	21	KBO 리그 역대 최다승
	정민철	23	삼진왕 2회, 승률왕 1회, 퍼펙트게임에 가장 근접
	김태균	52	역대 최다 86경기 연속 출루, 우타자 역대 최다 안타
KIA	선동열	18	MVP 3회, 골든글러브 6회, 다승왕 4회, KS 우승 6회 등
	이종범	7	골든글러브 6회, KS MVP 2회, 역대 한시즌 최다 84도루

LG	김용수	41	KS MVP 1회, KS 우승 2회, 다승왕 1회, 구원왕 3회 등
	이병규	9	골든글러브 7회, 신인왕타격왕 2회, 최다안타왕 4회, 역대 최다 10연타석 안타, 역대 최고령 사이클링히트
SSG	박경완	26	KS 우승 5회, 골든글러브 4회, MVP 1회, 홈런왕 2회

가을야구

가을야구란 정규시즌이 아닌 포스트시즌을 말한다.

정규시즌은 보통 가을이 시작될 무렵 끝나고, 정규시즌에서 탈락한 팀들은 그대로 시즌을 마감하지만 그 한 해 시즌의 우승 향방을 가리기 위한 포스트시즌은 계절 중 가을에 본격적으로 시작되므로 가을에도 야구를 한다고 해서 가을야구라고 지칭한다.

정규시즌은 3월 후반 경부터 KBO 한국프로야구에서 144경기를 펼치며 각 팀별로 리그경기를 하여 승패에 따른 승률로 팀별 순위를 정하게 된다.

가을야구를 지칭하는 포스트시즌은 그 해의 패권을 가리거나 순위를 정하기 위해 포스트시즌에 진출한 팀끼리 다투는 단기전이다.

KBO 포스트시즌에 진출하기 위해서는 정규시즌에서 5위 이상을 차지해야 한다.

정규시즌의 5위까지 가을야구에 진출할 수 있는데 5위와 4위는 와일드카드 결정전이라는 이름으로 경기를 펼친다.

그 경기의 승리팀은 정규시즌 3위팀과 준플레이오프라는 경기를 치루고, 이 경기의 승리팀은 정규시즌 2위팀과 플레이오프 경기를 하게 된다.

그리고 플레이오프 경기의 승리팀이 정규시즌 1위팀과 마지막 결승전인 한국시리즈 경기를 펼치는 방식으로 진행된다.

현재 KBO 한국프로야구는 총 10개팀이 리그경기를 하고, 그 해의 우승팀을 가리기 위한 경기들을 진행한다.

불문율

굳이 명시하지 않아도 사회 구성원들이 암묵적으로 동의하고 지키는 규율로 스포츠맨십을 중요시하는 야구에도 불문율이 존재한다.

〈10가지 야구 불문율〉

1. 홈런을 친 후 과도한 세리머니를 자제한다.
2. 대기록을 앞둔 투수에게 말을 걸지 않는다.
3. 큰 점수 차로 이기고 있을 때는 번트를 삼간다.
4. 벤치클리어링을 할 때는 모든 선수가 동참해야 한다.
5. 아웃이 명백한 상황에서 과도한 슬라이딩을 하지 않는다.
6. 슬라이딩을 할 때 발을 과도하게 높게 들지 않는다.
7. 보복을 위해 위협구나 빈볼(투수가 고의로 볼로 타자를 맞추는 행위)을

던질 때도 매너가 필요하다.

8. 자기 팀의 에이스가 상대편으로부터 빈볼을 맞거나 비매너 행위를 당하면 당연히 상대편의 에이스에게 고스란히 돌려줘야 한다.
9. 타자나 주자는 포수의 사인을 훔치지 않는다.
10. 관중들도 지켜야 할 불문율이 있다(플레이 중인 볼을 손을 뻗어 미리 잡는다거나, 상대팀의 선수들에게 욕설이나 모욕적인 언사를 하는 등의 행위는 삼가해야 한다).

세이버메트릭스

세이버메트릭스는 최근 야구 기록과 관련된 이슈에서 빼먹을 수 없는 것이다.

세이버메트릭스는 Saber와 Metrics가 합쳐진 단어로, Saber는 Society for American Baseball Research, 해석하면 미국 야구 연구회이다. 그리고 Metrics는 숫자 또는 수치라는 뜻이다. 이대로 해석하면 세이버메트릭스는 야구를 숫자를 이용해서 분석하는 것이라고 할 수 있다. 세이버메트릭스에는 출루율이나 WAR 같은 기록이 자주 등장한다. 그렇기 때문에 이런 기록들이 세이버메트릭스 바로 그 자체라고 생각하는 경우가 종종 있다. 하지만 세이버메트릭스는 한 두 가지의 특정한 기록이 핵심이 아니라 숫자를 이용해서 야구를 연구하고 객관적으로 탐구하는 것이 핵심이다. 그리고 그 과정에서 새로운 통찰을 하는 것이 바로 세이버메트릭스라고 할 수 있다.

앞에서 언급한 것처럼 세이버메트릭스는 이름에서부터 숫자와 아주 밀접한 관련이 있다. 하지만 숫자가 세이버메트릭스의 핵심인지 질문한다면 필자는 '아니오'라고 답하겠다.

숫자가 꼭 들어가야 세이버메트릭스는 아니다. 분석에서 객관적인 결과를 추구하다보면 자연스럽게 숫자가 들어갈 수밖에 없다. 그것이 세이버메트릭스와 숫자의 관계라고 할 수 있다.

세이버메트릭스의 발전

세이버메트릭스계의 대부라고 할 수 있는 빌 제임스(Bill James)를 설명하지 않을 수 없다. 그는 데이터 자체가 없던 시절부터 스스로 데이터를 만들어 연구를 시작해 지금까지도 세이버메트릭스에 많은 기여를 하고 있다.

또한 세이버메트릭스를 적극적으로 활용해서 성공을 거둔 오클랜드 애슬레틱스 이야기를 담은 책《머니볼》의 히트도 빠질 수 없다.

다만 빌 제임스와 오클랜드 애슬레틱스가 세이버메트릭스의 시초인 것은 아니다.

대외적으로 드러나지 않았을 뿐이지 빌 제임스 이전부터 숫자와 통계를 이용해 야구를 분석하는 활동은 있었고 몇몇 구단들은 이를 활용하기도 했다. 그렇지만 세이버메트릭스가 지금처럼 야구의 주류로 자리 잡는 데는 빌 제임스의 연구와《머니볼》의 히트가 매우 중심적인 역할을 한 것은 분명하다.

세이버메트릭스의 역할

세이버메트릭스는 야구를 객관적으로 탐구하는 행위이다. 그중에서도 야구의 본질적인 부분에 대해서 이해하는 것을 목표로 한다.

여기서 본질적인 부분에 대한 연구를 하는 것은 마치 다이아몬드 원석을 다듬는 것과 같다고 할 수 있다. 예를 들어 선수의 성적이라는 원석이 있을 때, 이 원석에는 선수의 순수한 실력과 환경적 요인 그리고 운이라는 요소가 섞여 있다. 그러면 세이버메트릭스를 연구하는 사람들은 이 원석에서 환경적 요인과 운이란 요소를 제거해 순수한 실력이라는 다이아몬드만을 정제해낸다. 이런 과정을 통해 선수의 본질적인 부분을 파악하고 선수에 대한 평가와 예측에 활용하게 되는 것이다.

세이버메트릭스가 발전함에 따라 타자를 평가하는 여러 지표들이 쏟아져 나왔다. 대표적 지표로는 wRC+(조정 득점 창출력), wOBA(타석당 득점 생산력), BABIP(타율), 발사각도 등이 있다.

이런 복잡한 지표들이 쏟아지는 가운데 오래전부터 쓰여오던 타율, 출루율, 장타율은 얼마나 의미가 있을까?

출루율은 2000년대 초반까지만 해도 각광받지 못했지만 머니볼 신화를 이뤄낸 오클랜드 애슬레틱스는 출루율을 높게 평가했다. 앞에서 세이버메트릭스는 야구를 객관적으로 탐구하는 것이라고 정의했다. 이 정신에 입각해 다시 한번 생각해 보면 과연 출루율은 득점을 얼마나 설명할 수 있을까? 연구 결과 출루율은 팀 득점과 70%나 연관이 있었다.

어떤 야구팀이 득점을 하는 데 여러 방법이 있다는 것을 감안한다면 단지 출루하는 사건만으로 팀 득점을 이만큼이나 설명할 수 있다는 건 매우 놀라운 일이다.

장타율은 과연 어떨까? 장타율은 득점과 무려 85%나 연관이 있었다. 사실 출루율과 장타율의 가치는 계산을 통한 검증이 아니더라도 논리적으로도 짐작할 수 있다.

그렇다면 타율은 어떨까? 타율과 팀 득점의 연관성은 출루율이나 장타율보다 훨씬 낮은 36%에 불과했다. 타율은 출루율과 달리 안타 외 출루 요인을 반영하지 않고 또 장타율과 다르게 홈런과 단타를 똑같이 생각하기 때문이다.

무사 1루 상황에서 많이 볼 수 있는 작전이 있다. 바로 1루 주자를 안전하게 진루시키기 위해 희생번트를 하는 것인데, 병살의 위험을 줄이고 주자를 득점권으로 내보내기 위해 희생번트를 지시하는 경우가 많다. 하지만 세이버메트릭스는 희생번트를 싫어

한다. 희생번트를 하면 기대득점이 낮아지기 때문이다.

기대득점에 앞서 한 이닝 안에는 아웃카운트 3개와 주자 상황 8개에 따라 총 24개의 상황이 있다는 것을 알아야 한다. 이닝 시작 시 노아웃 주자 없는 상황에서 출발해 매 플레이마다 상황에서 상황으로 옮겨지게 되는 것이다. 어떤 상황의 기대득점은 이런 24가지 상황 중 한 가지 상황이 주어졌을 때 그 상황부터 이닝이 끝날 때까지 평균적으로 몇 점이나 득점했는지를 계산한 것이다. 예를 들어 보면 2021시즌 KBO 리그에서 2아웃 주자 없는 상황은 7,121번 있었다. 이중 이닝이 종료될 때까지 0점인 경우가 6,625번, 1점인 경우는 200번, 2점인 경우가 115번, 이런 식으로 각 점수가 난 경우를 곱한 뒤 평균하게 되면 2021시즌 2아웃 주자 없는 상황의 기대득점은 0.1점이라는 것을 알 수 있다. 그렇다면 이렇게 구한 상황별 기대득점은 어떻게 활용할까?

첫 번째, 어떤 플레이가 팀 기대득점을 얼마나 높였는지 알 수 있다.

무사 1루 상황에서 희생번트로 인해 1사 2루가 된다면 이때 기대득점은 오히려 0.94점에서 0.67점으로 낮아지게 되는데 이것이 바로 세이버메트릭스가 희생번트를 싫어하는 이유이다.

그 후 1사 2루에서 안타를 통해 2루 주자가 홈으로 들어오면 1사 1루가 되면서 기대득점은 0.67점에서 0.53점으로 낮아지는데,

다만 이 경우에는 기대득점은 줄었어도 실제로 1득점이 일어났으므로 타자는 팀에게 1점에서 기대득점의 감소치인 0.14가 빠진 0.86점을 기여한 셈이 된다. 이런 식으로 기대득점의 변동을 통해 각 플레이의 득점 기여를 파악할 수 있게 된다.

여기서 한 시즌 동안 선수가 변화시킨 기대득점을 모두 누적시킨 것을 RE24라고 한다.

두 번째, 단타 하나, 홈런 하나가 평균 몇 점의 가치를 갖는지 계산할 수 있다.

홈런의 가치는 모두 같은 것이 아니라 상황에 따라 달라진다. 하지만 모든 홈런을 놓고 홈런이 나왔을 때 기대득점이 평균적으로 얼마나 바뀌었는지 계산하면 홈런이 나온 상황을 배제하고 홈런 하나의 가치를 알 수 있게 된다. 2021 시즌 기준으로 홈런 하나는 1.43점의 가치가 있었다.

이와 같은 방식으로 타자의 가치를 플레이가 일어난 상황을 배제하고 평가할 수 있게 된 것이다. 대부분의 세이버 스탯은 플레이가 일어난 상황을 배제하고 선수를 평가하려고 하기 때문에 상황을 배제해 주는 기대득점은 wOBA, FIP를 비롯해 최종적으로는 WAR에 이르기까지 수많은 스탯의 기초가 된다. 그렇기 때문에 우리는 기대득점의 두 번째 활용안을 좀 더 유심히 살펴볼 필요가 있는 것이다.

또한 이와 비슷한 방식으로 계속 언급한 24가지 상황 외에도 이닝 그리고 점수 차라는 상황을 가미한다면 매 상황의 승리확률의 변동, 이를 통한 승리 확률 기여도, 즉 WPA도 산출할 수 있게 된다.

3할 타율

야구에서 3할이라면 정교한 타자, 강한 타자, 까다로운 타자를 떠올리게 된다. 선수 및 전문가들은 .290타율과 .300타율은 다르다고 평가하고 상대하는 것도 확실히 차이가 있다고 하기도 한다. 리그 초창기부터 투수, 타자의 밸런스를 계속해서 조정하다보니 투고타저, 타고투저가 아닌 아주 정상적인 리그에서 3할 이상을 기록하는 타자가 상위 5~10%밖에 나오지 않기 때문에 그렇다.

역사적으로 리그가 안정화되면서 4할 이상을 기록한 타자는 테드 윌리엄스 뿐이다. 그는 메이저리그 역사상 파워, 선구안, 정교함을 모두 갖춘 최고의 타자다. 게다가 그가 뛰던 1940~1950년대 야구는 지금과는 다르게 타율 위주인 타격이 유행하던 시기라 4할이 가능했다. 타자가 3할을 기록했으면 그 선수는 리그 상위권 타격 능력을 가진 선수라고 평가한다. 실제로 국내 해설자들도 국제대회나, 2군에서 처음 올라온 선수들을 설명할 때 시청자들에게 알기 쉽게 설명하려고 "이 선수는 ○○리그에서 3할을 기록한 강타자입니다" 라고 소개하는 걸 알 수 있다.

그러나 3할 타자가 정말 강타자인지에 대한 의문이 생기기 시작한다.

현대 야구에서는 타율이라는 기록에 대한 불신이 생기고 있다. 전통적으로 강타자의 상징인 3할에 왜 불신이 생기는 것일까? 일단 타율은 운에 의해서 높아질 수 있다. 땅볼을 빠르고 강하게 치는 선수가 있다면 불규칙 바운드 혹은 운좋게 까다로운 코스로 땅볼 타구가 뻗어서 안타가 되는 경우가 많다. 홈런을 위한 스윙을 하면서 볼넷, 삼진이 많은 선수들에 비해 배드볼 히터가 타율이 높은 이유는 이런 운이 작용해서다.

시즌을 진행하면 3할을 기록하고 있는 어떤 타자의 타구 형성 방향에 대한 정보가 쌓이고, 그 선수에 대한 맞춤 수비대형이 만들어질 것이다. 그렇다면 초반에 얻어 걸린 안타가 많았던 선수가 호수비에 안타를 뺏기게 되고 처음 보는 불펜투수가 강력한 패스트볼을 이용해 타자가 못치는 코스와 구종을 집중적으로 공략하면 운 좋은 타구는 점점 줄어들 것이고 운에 의존했던 타율은 떨어지게 될 것이다.

또한 내야안타 덕분에 3할을 기록한 선수는 내야안타에 대한 대처를 할 것이고, 그런 식으로 타율은 운에 의해서 높아진 경우도 많아서 언제든지 떨어질 확률이 높다.

그리고 시대가 변하면서 정보력, 분석력이 발전하고 예전에 비해 불펜투수들의 능력이 더 좋아지면서 선발, 불펜 할 것 없이 힘 빠진 공을 1개도 던지지 않는 이 시대에 타율은 더더욱 믿기 힘든 지표가 되었다. 예전부터 논쟁의 대상이었던 3할의 거품은 안타의 종류 때문이다. 현재는 안타의 질에 대한 평가가 날로 발전하고 있다. 50년 전에는 지금처럼 모든 구장에서 하는 경기를 한꺼번에 볼 수 있는 방법이 없었다. 전 경기 동시 생중계가 불가능 했던 것이다. 따라서 1루타, 2루타 개수를 아는 것이 전부였다. 그래서 3할이면 평균적으로 잘하는 타자이겠거니 받아들였던 시절이다. 안타의 종류는 알아도 안타의 질을 평가하는 건 상상도 못할 시절이었다.

1990년대만 하더라도 한국에서 메이저리그 생중계 시청은 쉽지 않았다. 그래서 타율이 강타자의 기본조건이라는 고정관념을 버리기 쉽지 않았다.

그러나 지금은 모든 경기를 동시에 볼 수 있다. 그러다 보니 야구를 보는 방법도 많이 발전했다. 타율만 보는 것이 아니라 안타의 종류와 질을 평가하게 되었다. 세이버메트리션이 발전하게 되면서 2002년 오클랜드가 그 덕을 보게 됐다. 최근에는 더 깊게 파고들어 안타의 타구가 강한 타구인지 약한 타구인지, 아웃 카운트 중 타구가 약한 타구였는지 강한 타구였는지도 계산한다.

야구는 보면 볼수록 선수평가에 신경써야 하는 부분이 많다. 그런 의미에서 타율은 단순히 주어진 기회, 즉 타수에 안타를 몇 개 쳤는지만 알 수 있기 때문에 타율만으로 강한 선수라고 평가하는 것은 문제가 많다. 야구에서 득점에 가장 많은 기여를 하는 것은 베이스를 점유하는 것이고, 그 베이스를 점유하는 확실한 방법은 장타와 출루수다. 이런 의미에서 보면 같은 OP라면 오히려 3할보다 더 낮은 타율을 기록한 선수가 타격 능력이 더 좋다.

그렇다고 3할 타자가 의미가 없는 건 아니다. 시즌이 끝나는 시점에 3할을 기록하는 것은 정말 어렵다. 한 시즌 내내 운으로만 3할을 기록할 수 없는 시대라서 시즌 타율 3할이라는 것은 컨택 능력이 뛰어나다는 의미이다. 타율은 기본적으로 많은 타수를 가지면서 점점 거품이 빠지는데 3~4시즌 이상 꾸준히 3할 이상을 기록한 타자라면 엄청난 타격 능력이라는 말이다.

최근 메이저리그는 타율 위주 타자들이 없어서 균형이 안 맞는 느낌이다. 타율만 보고 무작정 강타자라고 하는 시대는 이제 지났고, 진정한 강타자는 3할 타율이 아닌 다른 고도화된 수치를 얘기해야 하는 시대가 왔다. 야구를 잘 모르는 일반인들이나 야구 기록을 모르는 라이트 팬들을 위해 편의상 '이 선수는 3할을 기록하는 강타자입니다'라고 얘기할 수는 있지만 3할 타자가 무조건 강한 타자라는 고정관념은 버려야 한다.

포스트 시즌

정규 리그가 끝난 다음 최종적인 우승팀을 가리기 위해 벌이는 모든 경기를 말한다.

국내 프로야구의 경우 정규 리그 3위와 4위가 벌이는 5전 3선승제의 준플레이오프, 정규 리그 2위팀과 준플레이오프의 승자가 벌이는 5전 3선승제의 플레이오프, 정규 리그 1위와 플레이오프의 승자가 벌이는 7전 4선승제의 한국시리즈 등이 있다.

홈런과 안타

홈런

- 솔로 홈런(1점 홈런) : 주자가 루상에 아무도 없을 때 홈런을 친 경우
- 투런 홈런(2점 홈런) : 주자가 루상에 1명이 있을 때 홈런을 친 경우
- 쓰리런 홈런(3점 홈런) : 주자가 루상에 2명이 있을 때 홈런을 친 경우
- 만루 홈런(4점 홈런) : 주자가 루상에 3명이 있을 때 홈런을 친 경우
- 그라운드 홈런 : 장내 홈런 또는 러닝 홈런이라고도 한다. 펜

스를 넘지 못한 타구를 수비팀 야수들이 처리하는 동안 타자가 홈인하여 득점하는 것이다. 홈런으로 기록되지만 수비팀의 실책이 없어야 한다. 정확한 영어 표현은 인사이드 더 파크 홈런(inside the park home run)이다.

- 백투백 홈런(back to back home run) : 두 타자가 한 게임에서 연속적으로 홈런을 치는 경우이다. 랑데부홈런(rendez-vous home run)이라고도 하는데, 이는 일본식 용어이다.

안타

타자가 방망이로 쳐서 플라이 아웃 또는 땅볼 아웃이 되지 않고 1루 이상 진루할 수 있게 친 타구이다.

- 1루타 : 1루타는 일반적으로 그냥 안타라고도 한다. 단, 낫아웃은 안타가 아니다.
- 2루타 : 2루타는 타구가 외야로 나가거나 수비수 사이에서 에러가 날 때 주로 나온다.
- 3루타 : 타구가 외야의 오른쪽을 크게 가르는 안타가 나오거나 수비수 사이에 큰 에러가 나왔을 경우에 주로 나온다.
- 텍사스 히트(Texas hit) : 빗맞은 타구가 내야수와 외야수 중간에 떨어져 운좋게 안타가 된 속칭 '바가지 안타'라고도 한다.

1889년 텍사스리그 소속 휴스턴팀에서 인터내셔널리그의 톨레도로 팀을 옮긴 아트 선데이(Art Sunday) 선수가 연속해서 빗맞은 안타를 터뜨리자 톨레도 지역신문에서 "텍사스리그 안타가 터졌다"는 제목으로 기사화하면서 유행하기 시작했다.

- 신시내티 히트(Cincinnati hit) : 충분히 받을 수 있는 평범한 타구를 야수끼리 서로 미루다가 놓쳐 안타로 만들어준 경우이다.

아웃

아웃(out)은 타자 혹은 주자가 어떠한 조건에 의해 덕아웃으로 돌아가는 것을 의미한다.

타자의 아웃 조건

- 포스 아웃 : 타자가 1루에 공보다 늦게 간 경우
- 플라이 아웃 : 높이 뜬 공을 땅에 닿지 않고 야수가 잡은 경우
- 삼진 아웃 : 공이 스트라이크 존에 넘어가거나 헛스윙을 3번 한 경우
- 쓰리번트 아웃 : 2스트라이크에 번트를 친 공이 파울인 경우
- 인필드 플라이 : 무사나 1사 상황에서 내야 뜬공이 야수가 잡을 수 있는 상황이라고 판단되면 인필드 플라이라는 규칙이

적용되어 공을 놓치더라도 타자는 아웃이 선언된다.

그라운드의 조연

심판

심판진은 주심과 3명의 루심으로 구성되며 게임을 관리한다. 주심은 스트라이크와 볼, 히트 바이 피치드 볼, 공격방해와 수비방해, 홈에서 주자의 세이프와 아웃 등을 판정하고, 루심은 각 루에서 주자의 세이프와 아웃을 판정한다. 모든 심판은 타자가 친 공의 파울·페어 여부를 판정하고, 어느 심판이든 투수의 변칙투구동작(보크)을 선언할 수 있다.

공식기록원

경기와 관련된 모든 기록을 책임지는 사람으로서 커미셔너(commissioner)가 임명한다. 공식기록원은 기록실 내에서 경기내용을 기록한다. 가령 타자가 1루에서 살았을 경우, 그것이 안타에 의한 것인지 실책에 의한 것인지를 독자적으로 판단해 결정할 권한을 갖는다. 공식기록원은 경기 종료 후 24시간 이내에 기록에 관한 모든 결정을 내려야 하며, 그 이후에는 원칙적으로 결정을 변경할 수 없다.

장내 아나운서

기록실에서 선수 교체, 홈런 등 게임진행 상황을 시시각각 관중들에게 알려주는 사람을 말한다.

베이스 코치(base coach)

1루 또는 3루의 코치 박스에 서서 타자나 주자에게 지시하는 사람을 말한다.

에이스

야구에서는 피칭에이스의 약칭으로 주전투수(主戰投手), 최강의 투수라는 뜻이지만, 본래는 트럼프의 A로 최강의 패를 말한다.

이 말은 미국 최초의 프로야구팀 신시내티 레드스타킹스(현 신시내티 레즈) 소속의 전설적인 투수 에이사 브레이나드(Asa Brainard)의 이름에서 유래되었다. 이후 각 팀에서 가장 뛰어난 투수를 가르켜 에이사로 부르다가 에이스라고 부르게 되었다.

스위치 히터 & 스위치 피처

스위치 히터

상황에 따라 좌우 어느 쪽 타석에서도 자유자재로 타격할 수 있는 타자를 말한다.

한국프로야구 최초의 스위치 히터는 태평양에서 내야수로 활약한 원원근 선수였다.

현 삼성코치로 1986년 해태에서 프로 데뷔한 김평호 코치, 꾸준함의 상징으로 기억되는 두산의 장원진 코치, 스위치 타자 최초로 한 경기 양쪽 타석 홈런의 진기록을 달성한 박종호 감독, 그리고 프로생활 중 스위치 타자로 전향한 롯데 최기문, LG 이종열 현 야구 해설가 등이 있다.

외국인 선수로는 LG 주니어 펠릭스, 롯데 펠릭스 호세, 두산 에드가 케세레스, 해태 헤수스 타바레스 등이 있었다.

스위치 피처

말 그대로 양손을 모두 사용하는 투수이다.

불과 몇 년 전 메이저리그 시범경기에서는 재미있는 일이 있었다. 스위치 히터와 스위치 피처 둘이 투타 맞대결을 펼친 것이다. 뉴욕 양키스 VS 애틀란타 브레이브스의 경기에서 양키스의 투수였던 팻 밴디트 선수는 이와 같은 상황에서 오른손을 들어 오른손으로 던지겠다고 표시했고, 타자는 왼쪽 타석에 들어섰는데 결과는 투수의 승리였다. 이것을 '벤디트' 룰이라고 하는데 이것은 2008년 밴디트가 타자들과 자주 실랑이를 벌이자 만들어진 규칙으로써 투수가 먼저 의사를 표하도록 하고 이에 따라 타자가 타석을 결정하는 것이다.

한편 국내 선수들 중에도 스위치 피처 선수가 있다. NC 다이노스의 손아섭 선수이다. 그는 부산 양정초등학교를 다닐 때 왼손과 오른손을 모두 사용한 스위치 피처였고, 오른손으로 3이닝, 왼손으로 3이닝을 던진 경기도 있었다고 한다.

무관심도루

도루에 성공했지만 도루로 인정받지 못할 때도 있다. 2008년 8월 6일 LG와 KIA의 경기에서 LG 이대형 선수는 6-11으로 크게 뒤진 9회말 1사 2루에서 3루 도루에 성공했다. 그러나 그의 도루는 도루로 기록되지 않았다. 기록원이 무관심도루를 적용한 것이다. KIA 포수 김상훈 선수가 송구하려는 흉내는 냈지만 3루수 박기남 선수가 3루로 들어갈 뜻을 전혀 보이지 않았기 때문이다.

무관심도루는 야구 규칙 제10조 8항에 "주자가 단순히 수비 측의 무관심을 틈타 진루하였을 경우 도루를 기록하지 않고 야수 선택으로 기록한다"라고 명시되어 있다. 단 1, 3루에서 1루 주자가 2루로 가려고 할 때 포수가 3루 주자가 본루로 들어올 것을 의식해서 송구하지 않았을 때는 수비 행위가 없었다고 해도 적용하지 않는다.

야구는 도루에서 세이프, 아웃은 심판이 판정하지만 도루 성공과 실패는 기록원이 판단한다. 무관심도루나 도루자 등 경기 상황을 보고 판단해야 할 내용이 많기 때문에 잠시도 한눈을 팔 수 없다.

야구팬이라면 한 번씩은 들어봤을 무관심도루는 어떤 상황에서 성립할까?

보통 다음과 같은 4가지 관점을 기준으로 한다.

- 야수의 플레이적 측면 : 1루수가 1루에 주자가 있는데도 1루에 들어가지 않고 주자가 없을 때 수비 포지션을 취하며, 도루를 시도하는데도 포수가 송구할 의지를 전혀 나타내지 않는다. 거기에 포수의 송구를 받을 야수가 베이스 커버를 하지 않을 때이다.
- 경기 상황적 측면 : 점수 차이가 크게 벌어져 수비 측이 주자들의 움직임에 전혀 관심을 나타내지 않을 때. 다만 점수 차이가 상당히 난다고 해도 경기 초, 중반에는 무관심도루의 적용을 될 수 있으면 제한하고 종반에 적용한다.
- 주자의 플레이적 측면 : 주자가 수비 측의 아무런 제지도 없을 때 뛰었거나 주자의 주루가 전력 질주가 아닐 때 무관심도루의 적용을 고려한다.
- 기록원의 판단적 측면 : 점수 차이가 크게 벌어진 상황에서 야구 정서상 상대에게 불쾌감을 주기에 충분한 의미 없는 도루로 판단될 경우이다.

특히 앞서고 있는 팀의 선수일 경우 거의 무관심도루가 적용된다.

원래 규정에 있었지만 유명무실하던 무관심도루가 한국 프로야구에서 적용되기 시작한 것은 2002년부터다. 무관심도루가 일반화된 메이저리그에 한국 선수들이 진출한 데다 큰 점수 차이에서 도루가 빌미가 되어 위협구 사고도 발생했기 때문에 제한적으로 적용하기 시작했는데 일본은 우리보다 늦은 2008년부터 시행했다. 무관심도루의 첫 희생자가 나온 것은 2002년 5월 19일 한화와 삼성의 경기로 삼성이 7-1로 앞선 7회 이승엽 선수는 도루에 성공했지만 도루로 기록되지 않았다.

키스톤 콤비 & 키스톤 플레이

키스톤 콤비는 2루수와 유격수를 말한다.

키스톤(Keystone)이라는 단어의 사전적 의미는 야구 용어로는 2루를 뜻하며, 일반적인 의미로는 조직의 중추, 중심 그리고 건설 용어로는 쐐기돌을 의미한다. 2루를 키스톤이라고 부르는 이유에는 여러 가지 설이 있다. 가장 설득력 있는 견해 중 하나는 타석에서 2루를 바라볼 때, 아치의 이맛돌처럼 보이기 때문에 2루를 키스톤으로 부르게 되었다는 견해이고, 또 다른 견해는 야구장을 건

설할 때, 2루를 중심으로 쐐기돌을 박고 야구장의 전체 윤곽을 잡은 것에서 2루를 키스톤이라는 별칭으로 불렀다는 설이 있다.

키스톤을 구성하는 유격수와 2루수는 그 사전적인 의미처럼 야구 조직의 중추신경과 같은 역할을 수행한다. 특히 유격수라는 존재는 수비 포메이션에 있어서는 약방의 감초와 같은 존재다.

만약 유격수가 없었다면 번트 수비 쉬프트(Shift)나 외야의 홈송구 수비 쉬프트는 이루어질 수 없었을 것이다. 필드의 어느 한 지역은 빈 공간으로 남게 되며 변칙 공격에 대응할 수 없게 되는 것이다.

이와 같이 유격수라는 존재의 설정은 단순히 숫자 8로부터 9로의 변화가 아니라, 야구라는 경기가 시스템을 갖춘 스포츠로 성립되는 데 지대한 영향을 미친 일종의 창의적인 발명품과 같은 존재라 할 수 있다.

우리는 일반적으로 '콤비'는 조합, 결합을 뜻하는 콤비네이션(Combination)의 줄임말로 이해하고 있다.

그런데 여기에 오해가 존재한다는 것을 알고 있는 국내 야구인들이 과연 얼마나 될까?(Combies라는 복수형은 드로즈가 달린 슈미즈라는 의미로 의상학적 용어로는 사용되지만 야구 용어로 사용되지는 않는다.)

즉 유격수와 2루수를 지칭하는 키스톤 콤비라는 용어는 메이저리그의 야구 용어가 아니라 일본이나 국내에서 만들어진 용어일 가능성이 높다는 것인데 미국에서는 선수를 지칭할 때 키스톤 콤비라는 용어를 사용하지 않는다.

키스톤 플레이, 키스톤 시스템과 같은 용어도 조작된 야구 용어라고 할 수 있다.

메이저리그에서도 유격수와 2루수 간의 유기적인 플레이는 키스톤 콤비네이션(Keystone Combination)이라는 용어를 사용한다.

한 예로, 메이저리그에서는 오마 비스켈(유격수)과 로베르토 알로마(2루수)가 조화를 이룬, 2000년 클리블랜드 인디언스의 미들 인필더도 블랙홀처럼 강력한 타구 흡입력을 소유한 역대 최강의 미들 인필드를 구축했었다.

외야수의 레이저 송구(빨랫줄 송구)

보살이라고 한다. 외야수가 송구만으로 주자를 아웃시키는 수비플레이를 말한다. 보살은 단순히 아웃 카운트 하나를 늘리는 데 그치지 않는다. 상승세를 타고 있는 상대팀의 기세를 꺾어버린다. 마운드에 서 있는 투수에겐 부담감을 덜어주는 등 심리적인 안정을 주기도 한다. 보살 플레이를 펼친 외야수가 팬들의 열렬한 박수갈채를 받는 이유다. 보살을 기록하기 위해선 뛰어난 위치 선정 능력, 빠른 발, 송구 능력이 필수적이다. 특히 어깨가 약하다면 송구만으로 주자를 잡아내기 힘들다. 대표적으로 고교시절까지 투수로 활약했던 클리블랜드 인디언스의 추신수 선수는 타의 추종을 불허하는 강견을 자랑한다. 그는 고교시절까지 150km 이상의 강속구를 던져왔다. 부산고 3학년에 재학 중이던 그는 19회 세계 청소년선수권대회에서 152km의 강속구를 던지기도 했다. 웬만한 투수보다 강한 어깨를 가지고 있다. 한화 이글스의 카림 가르시아, 시애틀 매리너스의 스즈키 이치로 선수가 대표적이다.

12초 룰

루에 주자가 없을 때 투수는 공을 받은 후 12초 이내에 타자에게 투구하여야 한다. 투수가 이 규칙을 위반하여 경기를 지연시킬 경우 주심은 볼을 선고한다. 이 규칙의 취지는 불필요한 지연을 막기 위한 것이다. 따라서 심판은 다음 사항을 강조하고, 그럼에도 불구하고 투수의 명백한 지연행위가 있을 때는 지체없이 볼을 선고한다.

- 투구를 잡은 포수는 곧 투수에게 다시 던질 것.
- 또 이것을 잡은 투수는 곧 투수판을 밟고 투구위치에 설 것.

결과적으로 12초 룰은 투수가 포수에게 공을 받은 직후의 12초를 말하는 것이다.

이해할 수 없는 실수, '본 헤드 플레이(bone head play)'

미숙한 플레이. 수비나 주루 플레이를 할 때 판단을 잘못해서 어처구니 없는 실수를 저지르는 경우이다. 그리고 이런 실수를 저지르는 선수를 가리켜 본헤드(bone head : 바보, 얼간이)라고 한다.

핫코너 3루

3루를 핫코너라고 하는 이유는 우타자들의 강한 타구가 자주 날아오기 때문이다. 이 용어는 1889년 신시내티의 스포츠 기자 렌 멀포드가 처음 사용했다. 멀포드는 어느날 브루클린-신시내티전에서 3루 쪽으로 강한 타구가 자주 날아가는 것을 보고 다음날 "브루클린은 늙은이 힉을 하루종일 '핫코너'에 몰아넣었다. 죽지 않은 게 기적이다."라는 기사를 썼다. 당시 신시내티 3루수는 힉 카펜터였다. 이때부터 핫코너는 3루를 의미하는 스포츠 용어로 굳어지게 되었다.

3루수는 투수를 제외하고 타자와 가장 가깝게 있는 내야수다. 빠른 타구에 민첩하게 대응해야 한다. 또한 3루수는 유격수나 2루수보다 큰 글러브를 사용한다. 반면 유격수와 2루수는 병살플레이에 대비해 글러브가 작다. 그리고 3루수는 타구가 빠르게 오고 타자와의 거리가 가깝기 때문에 다른 내야수들과는 달리 글러브를 지면에 바짝 대고 있어야 한다. 이어 투스트라이크 이전에는 번트에 대비해 항상 전진수비를 머릿속에 두어야 한다.

좌안, 좌측, 좌월 등

• 좌전안타 : 타자가 친 타구가 좌익수 방향으로 내야를 벗어난

안타

- 중전안타 : 타자가 친 타구가 중견수 방향으로 내야를 벗어난 안타
- 우전안타 : 타자가 친 타구가 우익수 방향으로 내야를 벗어난 안타
- 좌월홈런 : 좌측 담을 넘기는 홈런으로 타자가 친 공이 왼쪽으로 날아가 좌익수가 있는 쪽 담장을 넘어가는 것
- 중월홈런 : 중견수가 있는 쪽 중간으로 넘어가는 것
- 우월홈런 : 오른쪽 우익수가 있는 쪽 담장을 넘어가는 것

더블헤더

두 팀이 같은 날 계속해서 두 경기를 치르는 것을 말한다. 폭우 등 불가피한 상황으로 인해 노게임이 되거나 취소된 경기를 정규 시즌 일정 안에 마치기 위해 치른다. 첫 번째 경기를 마친 후 20분 정도의 휴식을 취하고 곧바로 두 번째 경기를 시작한다. 트윈 빌(twin bill)이라고도 한다.

홈런이 되기 쉬운 럭키존

공식적인 야구장의 규격은 피처 플레이트와 홈플레이트 사이의 거리가 18.44m이고 각 루간의 거리가 27.43m라는 점을 제외하고

는 자율로 정하도록 되어 있으며, 단지 외야 펜스의 길이가 겨우 76.199m라고 규정되어 있다. 그러나 이렇게 짧은 외야 거리로는 거의 모든 타자가 홈런을 칠 것이기 때문에 실제 야구장의 펜스 거리는 90m 이상이다.

〈국내 각 구장의 펜스 거리〉

야구장 명	중앙(m)	좌우(m)
잠실	124	95
문학	118	95
사직	118	95
대구	117	95
대전	114	95
무등	114	95

〈현재 국내 각 구장의 펜스 거리〉

	구장	중앙(m)	좌우(m)
LG	잠실구장	125	100
두산	잠실구장	125	100
SSG	랜더스필드	120	95
키움	고척스카이돔	122	99
한화	이글스파크	122	100
삼성	라이온즈파크	122.5	99.5
KIA	챔피언스필드	121	99
롯데	사직구장	121	95.8
KT	위즈파크	120	98
NC	NC파크	122	101

위의 표 〈국내 각 구장과의 펜스 거리〉를 보면 알 수 있듯이, 우리나라 각 구단은 기록의 공정성을 위해 각 구장의 좌우 펜스 거리를 95m로 통일시켜 놓았다. 원래 잠실구장의 좌우거리는 100m, 대구 시민구장의 좌우 거리는 98m로 건립되어 있는데, 그렇다고 펜스 거리를 짧게 하기 위해 기존의 펜스를 허물고 앞당기기에는 비용과 노력이 많이 들기 때문에, 임시 펜스를 기존 펜스 앞에 가설하게 된다. 이렇게 되면 새로운 펜스와 기존 펜스 사이에는 관중석이 없는 지역이 형성되는데 이 지역을 럭키존(luck zone, 행운의 지역)이라고 한다. 원래는 홈런이 될 타구가 아니었는데 펜스 거리를 단축시킴으로써 홈런이 되었다는 의미이다.

태그업

타자의 타구가 플라이볼(fly ball)일 때, 주자가 베이스를 밟은 상태에 있다가 수비팀이 그 플라이공을 잡는 순간, 다음 베이스를 향해 달려가는 동작을 말한다. 리터치(retouch) 또는 터치업(touch up)이라고도 한다.

리터치

야구경기에서 주자가 규칙에 따라서 루로 돌아가는 행위이다. 진루를 하거나 뒤로 돌아올 때 루를 밟지 않은 주자가 그 루를 다시 밟으려고 하는 경우, 볼데드 후에 루를 터치하는 경우, 희생 플라이볼을 쳤을 때 태그업(tag up, 다음 베이스로 진루하기 위해 점유하고 있던 루를 되밟는 것)하는 경우 등이 있다.

플라이볼의 경우, 공을 잡은 것보다 먼저 루를 떠나서는 안 되며 루에 닿아 있는 상태로부터 출발해야 한다. 루의 뒤에서부터 출발하여 뛰면서 루를 밟고 지나가면 인정되지 않는다.

단, 페어 플라이볼, 파울 플라이볼이 캐치된 뒤 주자가 루에 다시 닿기 전 투수가 타자에게 다시 공을 던진다거나, 플레이를 하거나 또는 플레이를 하려고 하면, 수비팀이 어필 플레이를 하지 않은 것이 되므로 주자는 리터치를 하지 않아도 아웃되지 않는다.

볼 데드 상태

심판의 타임 선언이나 정해진 규칙에 의해 경기가 일시 정지된 상태이다. 타임이 선언되는 경우는 나쁜 날씨, 어둠, 기기 고장, 선수나 심판원이 사고로 인하여 플레이를 할 수 없을 때, 감독이 선수를 교대하거나 협의하기 위해 타임을 요구할 때, 심판원이 공을 검사할 필요를 느끼거나 감독과 협의하려 할 때 등이다.

그 외 경기 중 다음의 상황이 일어날 때 구심은 볼 데드를 선언한다.

- 투구가 규정된 타격 자세에 있는 타자의 몸 또는 옷에 닿았을 경우 : 타자는 1루로 진루하고, 타자 주자에게 루를 비워

줘야 하는 각 주자는 진루한다.

- 주심이 포수의 송구를 방해하였을 경우 : 각 주자는 원래의 루로 돌아간다. 단, 주심의 방해에도 불구하고 포수의 송구가 주자를 아웃시켰을 때는 방해가 없었던 것으로 간주한다.
- 보크(Balk)의 경우 : 모든 주자는 진루한다.
- 반칙 타구의 경우 : 모든 주자는 원래의 루로 돌아간다.
- 파울볼(foul ball)이 잡히지 않았을 경우 : 모든 주자는 루로 돌아간다. 주심은 모든 주자가 원래의 루에 다시 닿을 때까지 볼인플레이(ball in play)를 선언해서는 안 된다.
- 내야수(투수 포함)에게 닿지 않은 페어볼(fair ball)이 페어(fair) 지역에서 주자 또는 심판원에 닿았을 경우 또는 내야수(투수 제외)를 통과하지 않은 페어볼이 심판원에 닿았을 경우 : 타자는 1루로 진루하고, 루를 비워줘야 하는 각 주자는 진루한다. 주자가 페어볼에 닿았을 경우 심판원이 다음 사실을 확인하였을 때는 아웃을 선언해서는 안 된다. 이때는 볼인플레이 상황이다.

- 일단 내야수에 터치된 페어볼에 닿았을 경우
- 내야수에 닿지 않고 그 가랑이 사이 또는 옆을 통과한 타구에 닿았지만, 이 공에 대해서 다른 어느 내야수도 수비할 기회가 없었다고 심판원이 확신한 경우

- 투구가 포수나 심판원의 마스크 또는 용구에 끼어 멈추었을 경우 : 모든 주자는 진루한다.
- 투구가 득점하려고 하는 주자에 닿았을 경우 : 모든 주자는 진루한다.

쓰리피트라인

1루에서 본루 쪽으로, 베이스라인(base line) 바깥쪽에 그어진 1.18m 길이의 선을 말한다. 이 선이 베이스라인 바깥쪽으로 3피트(91.4cm) 떨어져 있는 데서 붙은 이름이다. 1루로 향하던 타자가 야수의 태그(tag)를 피하기 위해 이 선 밖으로 벗어나면 아웃으로 간주된다. 실제선은 그려져 있지 않지만, 쓰리피트라인은 2루와 3루 쪽에도 같이 적용된다.

볼티모어 찹

튕기고 달리기. 홈플레이트 근처에서 크게 튕겨 타자가 1루까지 살아 들어갈 수 있는 타구를 말한다. 이를테면 타구가 홈플레이트 근처에서 크게 튕기는 땅볼이 됐는데, 공중에 떠 있는 시간이 길어 타자는 벌써 1루에 안착하는 상황이었다. 1910년 당시 볼티모어의 홈구장이었던 유니언 팍 홈플레이트 근처는 유난히 지저분하고 또 땅바닥이 딱딱하기로 유명해서 그 근처를 맞고 튕긴 타구는 체공시간이 길었고, 이런 현상에 빗대어 볼티모어 찹이라는 용어가 생기게 되었다.

백스톱

첫째는 포수를 뜻하는 말이고, 다른 하나는 파울볼 등이 관중석으로 들어가지 못하도록 설치한 홈플레이트 뒤쪽의 안전 그물망을 말한다.

밴조 히터

전형적으로 타격이 약하고, 타구를 멀리 보내지 못하는 선수를 일컫는다. 현악기의 일종인 밴조에 빗대어 표현한 말이다. 엉성한 스윙 또는 우연한 타격으로 발생한 약한 타구에서 공이 방망이에 맞는 소리가 밴조의 줄이 끊어지는 소리처럼 들린다고 해서 붙여졌다.

메카닉스

야구에서는 기본기를 튼튼히 해야 한다는 뜻이다. 투수, 타자, 수비수 모두에게 통용되는 가장 기본적인 기술로 기계처럼 잘 갖춰진 동작으로 투구, 타격, 수비 등의 효과를 극대화하는 기술이다. 투수에게 있어서 메카닉스는 구속(velocity), 공의 움직임(movement), 제구력(location), 스트라이크 제어력(control) 등을 보다 효과적으로 만들기 위해 투수 각각의 투구 동작에 맞는 다리 뻗기(stretch), 와인드업(windup), 움직임(motion), 팔 동작(delivery)과 같은 일련의 행위들을 하는 가장 기초적이고 기본적인 기술 요소다. 타자의 메카닉스는 공을 잘 보고 강하게 칠 수 있도록 각각의 타자에게 맞는 다리 위치와 보폭, 스윙 궤적 등을 극대화하는 기술 요소이다. 또한 수비수의 메카닉스는 공을 쫓아 뛰고, 잡고, 던지는 데 가장 효과적일 수 있도록 손의 위치나 몸 동작, 포구 자세 등을 만들어내는 기술 요소다.

박스 스코어

기록을 모아 야구 경기의 결과를 한눈에 알 수 있게 만들어놓은 기록표이다.

펑고

크게 3가지 뜻으로 쓰인다. 첫째, 타격연습 때 타자가 친 뜬 공을 의미한다. 둘째, 타격연습을 하는 타자가 뜬 공을 칠 수 있도록 공을 던져주는 행위이다. 셋째, 타격연습 때 타자가 뜬 공을 칠 수 있도록 특별히 제작된 길고 가벼운 배트를 말하는데, 타격의 정확성을 길러주는 게 목적이다.

홀 오브 페임

명예의 전당으로 최고의 영예를 상징한다고 할 수 있다. 야구 역사에 한 획을 그었던 선수들이 들어갈 수 있는 곳으로 역사에 남을 만한 기록과 더불어 타의 모범이 될 만한 인격, 품위, 사생활 등 선수 전반에 걸친 재평가 작업을 거친 후 다시 야구 기자단, 전형위원회, 원로위원회의 심의가 이어진다. 그 후 10년 이상의 경력을 가진 베테랑 기자들의 투표에 의해 최종 선출되는 방식이다. 또한 야구 발전에 크게 기여한 업적이 인정되는 명감독과 유명한 심판들도 명예의 전당에 들어갈 수 있다.

골든글러브

미국 메이저리그에서 포지션별 최고의 수비선수들을 선정하여 수상하던 '골드글러브'를 본따 국내 프로야구에서 포지션별로 최우수 선수 10인에게 수상하는 상이다.

국내 프로야구에서는 1982년 출범 첫해부터 포지션별 '골든글러브'를 시상해 왔다.

첫해는 골드글러브처럼 최고 수비수를 뽑았지만 '베스트10' 시상과 통합된 1983년 이후에는 공격, 수비, 인기도를 같은 비중으로 평가하고 있다.

골드글러브와 골든글러브의 차이

메이저리그의 '골드글러브'라는 용어가 일본으로 건너오면서 '골든글러브'로 변형됐고, 우리는 일본의 것을 그대로 받아들여 사용하고 있다. '골드(gold)'와 '골든(golden)'은 어법상의 쓰임새는 다르지만, '글러브(glove)'와 합쳐져 똑같이 '황금 장갑'이란 뜻으로 같다는 게 메이저리그 사무국의 해석이다.

하프스윙 & 체크스윙

타자가 배트를 충분히 휘두르지 않고 중간에 멈추는 경우를 말하는데 야구 규정에 따르면 휘두른 것으로 간주한다.

체크스윙은 타자가 스윙을 시작하였으나 투수가 던진 볼이 홈플레이트에 도달하기 전 스윙을 멈추는 상황이다.

스윙 판정에 대한 1차 권한은 주심에게 있으며, 주심이 스윙을 선언하지 않을 경우 수비 측은 좌타자의 경우 3루심, 우타자의 경우 1루심에 스윙 여부에 대한 콜(어필)을 할 수 있으며, 받아들여질 경우 스윙이 인정된다.

체크스윙의 판단에 관한 명확한 규칙은 메이저리그에도 없으며 몇 가지 기준을 가지고 심판의 재량에 따라 판단한다.

가장 흔히 알려진 스윙과 노스윙 구분은 방망이 헤드 부분이 반이상 돌았는가의 여부로 결정한다.

그러나 이것은 절대적인 기준이 아니며 헤드가 돌지 않았더라도 다른 기준에 의하여 스윙을 인정하는 경우도 있다.

다른 기준으로는 배트가 홈 플레이트를 지나쳤는지, 배트와 볼이 교차하였는지, 타자의 손목이 꺾였는지, 배트가 타자의 중심을 지났는지 등 다양하다.

징크스

'징크스'의 사전적 의미는 '재수 없는 일 또는 불길한 징조의 사람이나 물건'을 뜻한다. 하지만 스포츠에서 징크스는 '연승이나 좋은 성적을 냈을 때 반복하는 습관'의 의미로도 통용된다. 가장 많은 징크스가 난무하는 스포츠는 바로 프로야구다.

한국 프로야구에서 가장 많은 징크스에 시달리는 동시에 이를 적극적으로 활용한 사람은 바로 SK 와이번스의 김성근 감독이다. '야신(야구의 신)'이란 별명과 함께 '징크스의 화신'으로도 불리는 김 감독은 지난해 SK가 16연승을 달리는 동안 덥수룩하게 수염을 길렀다. 깜빡 잊고 면도를 하지 않은 다음날부터 연승을 달리기 시작했기 때문이다.

그는 또 지난해 한국시리즈 기간에는 1차전에서 입었던 팬티를 갈아입지 않았다고 뒤늦게 밝혔다. 이 덕분일까. SK는 통산 세 번째 우승을 차지했다.

이처럼 수염을 기르거나 옷을 갈아입지 않는 것은 전통적인 징크스다. 누구랄 것도 없이 거의 모든 선수들이 맹활약을 펼친 날 입었던 유니폼이나 속옷을 즐겨 입는다. 좋은 기운을 받는다고 믿기 때문이다.

'바람의 아들' KIA 타이거즈의 이종범 선수는 '월드컵 징크스'에 시달렸다. 그는 프랑스 월드컵이 열린 1998년과 한·일 월드컵이 열린 2002년 각각 팔꿈치와 얼굴 부상을 당했다.

독일 월드컵이 열린 2006년에는 부진의 늪에 빠져 2군으로 강등됐고, 남아공 월드컵 때도 2할4푼5리의 타율로 부진했다. 그 스스로도 "꼭 4년에 한 번씩, 그것도 여름에는 조심해야 한다"고 이야기할 정도다.

두산 베어스의 '두목곰' 김동주 선수는 '사인 징크스'가 있다. 경기장에 들어갈 때는 절대 팬들에게 사인을 해주지 않는다. 어쩌다 깜빡 잊고 사인이라도 하는 날이면 경기에서 꼭 실수가 나온다는 것. 그래서 그의 팬들은 그가 경기장에서 나올 때만 사인을 부탁한다.

롯데 자이언츠의 악명 높은 징크스는 다름아닌 '주장 징크스'이다. 2000년 주장 마해영은 이듬해 삼성 라이온즈로 트레이드됐고, 차기 주장인 조경환은 SK로 트레이드됐다. 2008년 주장 정수근은 음주폭행 사건으로 물의를 빚었으며, 2009년 주장 조성환은 광대뼈 골절 부상을 당하는 고초를 겪었다.

멘도사 라인

타격이 약한 타자를 빗댈 때 쓰는 일종의 수치스러운 별명이다. 2할 대에 머물며 규정타석을 채운 선수 중 가장 낮은 타율을 기록한 타자를 꼭 집어 '멘도사 라인'이라고 한다.

케네디 스코어

야구 경기에서 제일 재미있는 경기 내용을 보여준다는 8대 7 스코어. 존 F. 케네디 대통령이 야구 경기는 8대 7경기가 가장 재미있다고 말한 데서 유래했다. 9대 8로 끝나는 게임은 미국 프로야구 최고책임자 직함을 따 '커미셔너 스코어'라고 한다.

트리플 크라운

각종 스포츠에서 금메달 또는 타이틀을 한꺼번에 3개나 거머쥔 팀이나 선수에게 주어지는 칭호이다. 야구에서는 한 시즌에 타율, 홈런, 타점 등 메이저리그 타격 3개 부분을 석권한 타자에 한해서만 트리플 크라운의 영예를 부여하는 것이 일반적이다. 투수 3관왕은 다승, 방어율, 승률을 말한다.

- MVP : 야구의 최우수 선수. 공식시합을 통해 가장 우수한 성적을 거둔 선수를 말한다.
- **병살(더블 플레이)** : 야구에서 두 명의 공격 측 선수를 동시에

아웃시키는 것이다. 이때 병살의 원인이 되는 타격을 병살타(併殺打)라고 한다.

- **삼중살(트리플 플레이)** : 세 타자가 한꺼번에 아웃되는 경우이다. 노아웃 상황에서 주자가 2명이 있을 때 가능하다.
- **야수선택** : 야구에서 야수의 기술적 실책이 아니라 두뇌적 실책에 의해서 주자가 진루하는 경우를 일컫는다.
  흔히 볼 수 있는 야수선택으로는 타자가 번트를 대서 투수가 1루에 타자주자를 아웃시키는 대신 선행주자를 잡기 위해 다른 루로 송구하여 타자주자의 진루를 허용하였을 경우이다.

히트앤드런

주자는 투수의 투구 동작과 동시에 다음 베이스를 향해 달리고, 타자는 투수가 던진 공을 무조건 때리는 것이다. 공격팀에서 주자의 진루를 확실히 함과 동시에 더블플레이(double play)를 막기 위해 쓰는 작전이다.

오버런

베이스를 밟은 주자가 달려가던 탄력으로 그 베이스에서 더 나아가 태그아웃을 당할 수 있는 위험에 처하는 경우이다.

런다운

수비수가 베이스 사이에서 주자를 태그아웃(tag out)시키는 동작이다. 협살(挾殺), 협공(挾攻), 협격(挾擊)이라고도 한다

피치아웃

주자가 도루할 것에 대비하여 스트라이크존(strike zone)보다 훨씬 높거나 옆으로 빠지는 공을 던지는 경우이다. 주로 포수의 요구에 의하며, 투수는 포수가 그 공을 잘 잡아 수비수에게 송구하기 편한 곳으로 투구해야 한다.

우투우타

오른손으로 던지고 오른손으로 치는 것을 말한다.

좌투좌타

왼손으로 던지고 왼손으로 치는 것을 말한다.

루키

야구팀에서 팀에 새로 입단한 신인이나 아직 정규선수로 출전한 일이 없는 선수를 말한다.

PNC PARK
HOME OF THE PITTSBURGH PIRATES
TRIB
TOTAL MEDIA
PNC BANK
State Farm
UPMC

9

안경현의 타격론

K&L GATES
PIRATES
CHARITIES
xfinity
NATIONAL LEAGUE
AMERICAN LEAGUE

타격 이론의 시작은 어디인가?

베이브 루스, 미키 맨틀, 테드 윌리엄스, 루 게릭, 행크 에런, 배리 본즈, 마크 맥과이어, 새미 소사를 시작으로 최근에는 코디 벨린저에 이르기까지 이 모든 선수들의 연습과 경기에서는 자세는 다르고 추가하는 방향도 다르다. 이것이 타격 이론의 시작이다.

기본 동작

기본 동작은 가장 보편적으로 배트를 어깨 위에 올리고 기마자세라고 하는 모든 타자들이 가지고 있는 타석에서 투수의 공을 기다리는 자세이다.

그리고 레그킥을 하는 선수, 토우스텝하는 선수 등 일련의 공을 치러나가는 스트라이드 동작이 있다. 그 이후 힙턴하는 선수, 허리 회전하는 선수, 다리를 돌리는 선수 등 회전운동이 일어난다. 그와 동시에 다운 스윙, 레벨 스윙, 어퍼 스윙으로 이어지는 스윙 자세들이 선수들 개개인의 취향에 맞는 기본적인 스윙이라고 할 수 있다.

선수들은 어릴 때 기본적으로 다운 스윙을 배우고, 가르치며 타격이라는 것을 시작한다.

다운 스윙으로 많은 연습과 경기를 해 봤지만 만족할 만한 스윙을 만드는 선수는 거의 1%에 가깝다. 지금도 많은 지도자들이 다운 스윙에 회의를 느끼고 어퍼 스윙(골프 스윙 같은)이나 최근 들어 유행하는 스윙들을 선호하고 있다.

하지만 우리가 가장 선호하는 어퍼 스윙으로 유명한 선수들, 특히 메이저리그 선수를 예로 들어 보자. 유튜브 속 많은 동영상들이 있고, 그 동영상 속에는 전직 최고 메이저리그 선수, 현역 최고 메이저리그 선수 그리고 이들이 추구하는 배팅의 노하우가 소개되고 있다.

그 영상 속에 소개되는 전 현직 메이저리그 선수들이 추구하는 스윙들은 대부분 다운 스윙이다. 하지만 경기에서는 엄청난 어퍼 스윙을 한다. 데이비드 오티즈, 알렉스 로드리게스, 코디 벨린저 등도 타격 노하우에서는 가장 기본적인 자세에서는 공을 눌러 친다는(다운 스윙) 개념으로 시작한다. 필자를 포함한 많은 선수들, 어린 선수들의 다운 스윙과는 그 개념이 다르다. 쉽게 말해서 파워포지션과 히팅포인트 사이에 배트의 이동과정에서 다운 스윙의 개념이 다르다. 여기에서부터 오류가 시작됐다.

기본 동작의 오류

파워포지션에서 히팅포인트로 나오는 과정까지 오른손 팔꿈치를 겨드랑이에 붙이거나 배트 손잡이부터 나오면서 배트 끝으로 나오는 일련의 과정들이 있다.

이것을 야구의 기본 타격 자세라고 한다. 하지만 이 자세들은 A급 선수들의 경기 때 나오는 어쩔 수 없는 동작들이다. 그래서 T배팅, 토스 배팅, 프리 배팅의 과정들이 모두 다르다.

고정 T배팅에서는 보통의 다운 스윙, 토스 배팅에서는 다운 스윙과 레벨 스윙의 사이 그리고 프리 배팅에서는 레벨 스윙과 어퍼 스윙의 사이가 된다.

그 일련의 과정을 통해서 타자는 공을 보는 시선의 높이에 따라 스윙이 나오는 궤도가 바뀐다. 그러므로 A급 선수들이 경기 때 치는 자세는 배운 선수들이 연습 때 적용해야 할 자세가 아니다.

만약에 A급 선수가 경기 때 치는 자세가 아니라 T배팅 자세를 본다면 경기 때 나오는 자세는 다르다.

많은 영상들과 사진 안에는 배트가 나오는 각도나 다리의 각도 그리고 공이 맞았을 때 배트와 팔꿈치와의 각도 등 여러 가지를 종합한 사진들이 많다. 그 사진들을 타격 이론에 기본으로 선수들의 연습동작에 반영한다(정작 사진의 주인공들은 그런 각도 인지를 못한다. 생각도 하지 못한다). 말하자면 수십년 간 연습으로 인한 본인도 모르는 노하우가 쌓인 스윙 자세인 것이지 인지하고 만드는 자세는 아니다.

그 스윙에 가까워지기 위한 그만의 연습과정이 있다. 그 연습과정을 타격의 이론으로 따라가야 하는 것이다.

그렇기 때문에 A급 선수가 치는 자세를 연구하고 적용할 거라면 T배팅부터 해야 할 것이다. 우리가 가장 실수하는 부분은 4단계에서 맨 마지막 단계만 따라하는 것이다.

박용택 선수의 은퇴 직전 타격 폼이 30년간 똑같았을까? 하지만 우리는 30년의 노하우는 배제하고 마지막 완성된 타격 폼만 쫓아간다. 결국 30년간의 과정은 알지 못하는 타격 자세를 배우고 연구하는 것이다.

그립(배트를 드는 자세)

그립은 배트를 들었을 때의 자세로 손과 손목의 모양이다.

대표적으로 이진영 선수는 일반적인 선수들과 그립이 달랐다. 개인적인 생각은 그가 어릴 때 배트가 많이 퍼져 나오는 스타일의 선수였던 것 같다. 그렇기 때문에 배트를 들고 있는 (뒤쪽 손) 왼쪽 손목 모양이 일반적인 선수와 다르다. 필자도 이 손목 동작을 1년간 한 시즌 시도했던 때가 있었다(2007년 안경현 성적). 아마도 이진영 선수도 필자와 같은 고민 속에서 만들어낸 결과물이지 않을까 생각한다. 시즌 초반 스윙이 자꾸 퍼진다는 느낌이 들어 뒤쪽 손의 손목을 꺾어 그립을 잡아 보았고, 그 결과 배트가 잘 나온다는 느낌을 받았다. 처음으로 돌아가 이진영 선수는 경기 때 전형적으로 레벨 스윙을 만들어낸 선수다. 하지만 타석에 들어가기 전

연습 스윙을 본다면 많은 팬들이 놀라지 않을 수 없을 것이다. 흔히 말하는 도끼 스윙을 예로 들 수 있고, 손목의 모양으로 인하여 배트가 나오는 각도를 상당히 많이 줄이는 그만의 특이한 그립이 있다.

파워포지션

과거 가장 많이 따라 했던 파워포지션은 장종훈 선수였다. 하지만 파워포지션, 히팅포인트 그리고 자세는 배우지 못했다.

그의 노하우는 배제한 채 경기 때 나오는 자세만으로 배웠던 부작용이라 할 수 있다.

파워포지션은 자신의 힘을 극대화시키는 준비동작이라고 할 수 있겠다. 혹자는 이 자세를 활시위를 끝까지 당겼을 때의 동작에 비유한다. 하지만 현대에는 공의 스피드와 구종, 구질에 따라 많은 변화가 있었다.

활시위를 끝까지 당겨 뒤로 빼는 동작이 아니라 어깨 위에서 빠르게 힘을 모을 수 있는 견갑골을 사용하는 자세가 주를 이루고 있다.

최근 나성범, 한동희, 이대호 선수는 대표적으로 배트를 어깨에 매고 있다가 타격 동작 시 시작과 함께 살짝 들어올리는 굉장히 간소한 파워포지션을 만들고 있다.

그 이유는 배트를 오래 들고 있을 경우 과도한 어깨의 힘, 경직도 때문이다. 결국 힘이 들어가면 배트가 처지는 부작용이 생기고 배트 스피드의 저하, 어깨에 한정된 과도한 힘이 아니라 몸 전체적인 경직감 때문에 스윙 밸런스가 깨진다. 그렇기 때문에 어깨에 매고 있다가 스윙 직전 들어올리면서 릴렉스한 자세를 만들게 되는 것이다.

롤링 파워포지션은 배트를 미세하게 살짝 밑으로 내렸다 위로 올리면서 힘을 모으는 롤링탑이라고 한다. 보통 짧은 동작에서 파워를 극대화시킬 수 있는 동작이다.

이것도 마찬가지로 견갑골을 이용한 동작이다. 대표적으로 추신수, 나성범 선수가 있다. 과거 길게 뺐던 동작을 간소화시킴과 동시에 어깨를 회전시키면서 경직된 몸을 풀 수 있는 동작이라고 볼 수 있다.

이동 히팅포인트

타격에서 가장 중점이되는 동작이며, 가장 많은 논란을 이루고 있는 부분이다. 보통 다운 스윙, 레벨 스윙, 어퍼 스윙 3가지가 이 과정에서 이루어진다.

야구인들은 보통 이 동작에서 골프와 야구의 유사점을 찾는다. 하지만 야구는 골프와 다르게 스피드, 변화, 높낮이, 좌우 폭이 있다.

골프와 같은 매커니즘의 스윙은 이 모든 것을 따라갈 수 없다. 예를 들어 양의지, 박석민 두 선수의 스윙이 여기에 속한다.

양의지 선수는 배트 이동이 우리가 아는 것처럼 왼팔을 펴고 오른팔을 붙이는 동작이 아니라 양손이 왼발까지 구부러져 나오는 이동이다.

그렇기 때문에 홈플레이트 전체를 다 칠 수 있다. 반면 박석민 선수의 경우는 전형적으로 왼팔을 펴고 나오는 스타일이기 때문에 홈플레이트 반의 몸쪽은 부담이 될 수 있는 자세다.

이것은 오픈 스트라이드가 되야 타격할 수 있다.

타격은 왼팔이 펴짐과 동시에 팔스윙 끝이라고 볼 수 있다. 그 이후는 몸을 써야 한다. 양의지 선수는 최대한 투수 쪽 앞으로 끌고 오기 때문에 안정적으로 제자리 스윙이 가능하다.

왼팔의 사용(우타자 기준)

타격의 주인공은 앞쪽 손이다. 보통 앞쪽 손을 앞으로 펴려고 한다. 그렇게 공을 치게 되면 배트가 뒤에 있기 때문에 결국 공이 쓸려 맞는다.

다운 스윙의 잘못된 부분이 여기서부터 시작인데 결국 다운 스윙을 알고 하는지, 모르고 하는지에 따라 결과에는 큰 차이를 불러온다.

이 문제점은 인 아웃 스윙에서 시작된다. 결국 타격의 주인공은 왼손인데(앞쪽 손) 인 아웃 스윙의 이론은 오른손(뒤쪽 손) 움직임이 시작이기 때문에 스윙의 문제점이 여기에서부터 잘못된 방향으로 흐르기 시작한다.

- **앞쪽 손 리드, 뒤쪽 손은 보조 역**

  보통 뒤쪽 손을 옆구리에 붙인다.

  틀린 건 아니지만 많은 부작용을 유발한다.

  많은 뒤쪽 손의 움직임이나 옆구리에 붙인다면 배트 끝이 처지는 부작용. 아웃 인 스윙의 시작이 된다.

  보통 뒤쪽 손을 붙여야 인 아웃 스윙이지만 결국 앞쪽 손을 따라가지 못하면서 아웃 인 스윙이 된다.

- **앞쪽 손과 뒤쪽 손이 같이 움직여야 한다.**

  두 손 두 팔에 전완근 부위가 같이 움직여야 한다.

  두 팔에 전완근이 시작과 끝에 같이 붙어야 인 아웃 스윙이 가능하다.

  보통 배트 끝을 남겨야 인 아웃 스윙 변화구 대처에 여러 가지 장점이 있다고 한다.

• **결국 타격은 투수와 1인치 싸움인데 배트가 보다 빠르게 히팅포인트까지 오는 방법을 찾아야 한다.** 비록 경기 때의 자세는 비슷할지 모르지만 연습과정에서 배트 끝을 남기는 자세가 나오면 결국 경기에서는 투수에게 1인치 싸움에서 지게 된다.

• **배트 끝과 손이 같이 움직이는 배트 이동은 생소할 수도 있지만, 이미 사용하고 있는 선수도 존재한다.**

손과 배트가 같은 위치에서 동시에 이동하며(오른손 타자 기준) 왼발 혹은 왼쪽 어깨나 왼쪽 가슴 혹은 왼발 앞까지 이동하는 경우도 있다.

물론 경기 때 영상을 보면 배트 끝을 남기는 타자의 손과 배트를 함께 이동하는 타자와 큰 차이를 발견하기는 힘들다. 하지만 작은 차이가 1류 선수를 만든다.

• **두 가지 방법의 차이점은(오른손 타자 기준) 덕아웃 샷과 배터리 샷에서 알 수 있다.** 보통 덕아웃샷을 봤을 때 ① 배트 끝은 남기는 스윙, ② 손과 배트의 같은 이동은 히팅포인트에서 차이가 나며 좋은 타구일 때는 두 타자가 동일하다.

하지만 평균적인 타격포인트가 ①보다는 ②의 타자가 항상 앞에 있는 걸 볼 수 있다.

또한 파워포지션에서 히팅포인트까지 가는 거리와 속도, 각도 등 여러 가지 조건에서 ②의 타자들이 훨씬 가깝고 빠르며 가파른 각을 만든다.

배팅에서 가장 중요한 포인트는 배팅을 잘 하고 장타 생산 능력이 좋은 선수들이 ②에 속한 타자들이며 ②의 요소들을 갖추고자 노력한다는 것이다.

공을 끌고와서 친다는 말보다 히팅포인트에 빠르게 갈 수 있으니 공을 좀 더 오래 본다는 게 맞다.

배터리샷에서의 차이

덕아웃샷은 배트가 나오는 각도를 볼 수 있고 다운 스윙, 레벨 스윙, 어퍼 스윙의 차이도 볼 수 있는 반면, 배터리샷은 배트가 나오는 각은 물론 타자가 인 아웃인 이 두가지 조건 또한 코스 및 장단점을 볼 수 있다.

1번 스타일 타자들은 스윙 폭 몸과 배트가 멀게 보인다.

몸쪽에는 약점, 잘 맞는 타수가 파울을 칠 가능성이 확실히 높으면 바깥쪽 공에 타이밍 혹은 바깥쪽 공에 타구가 장타가 되지 않아 슬라이스 타구가 많다.

보통 전자 또는 정확한 타이밍이 아니면 왼쪽 벽, 왼쪽 어깨 골반 무릎, 발이 무너지는 자세가 많다.

물론 변화구에 약점이 많다.

1	2	3
4	5	6
7	8	9

5번 언저리는 공에 대한 강점뿐 나머지 공에 정확한 타격이 힘들다.

2번 스타일의 경우 배터리샷으로 봤을 때 몸과 배트, 손의 간격이 좁고 붙어 있는 느낌이 들기 때문에 손과 배트 바깥쪽으로 형성되는 코스의 공 또는 변화구에 용이하다.

배트가 몸에 붙어 있기 때문에 배트 바깥쪽 모든 공의 변화구에 대처, 뻗어낼 수 있는 공간이 많기 때문에 파워를 실을 수 있는 여건이 만들어진다.

두 가지 스윙을 봤을 때 1번의 경우 일단 배트가 밖으로 나갔다 다시 안으로 감아 들어오는 스윙이므로 스윙 아크가 원형에 가까우므로 투수 쪽으로 짧다.

반면 2번 스타일의 경우 몸 밖으로 뻗어 내기 때문에 타원형을 그리며 아크가 투수 쪽으로 길게 형성된다.

스윙 아크는 투수 쪽으로 클수록 장타 정확선 유인구에 대한 대처 등 많은 장점이 있다.

스윙의 아크가 클수록 위에서 설명했던 옆쪽의 벽, 어깨, 골반, 무릎 발의 벽의 라인이 끝까지 버틸 수 있는 몸의 밸런스를 갖출 수 있다. 물론 1번의 경우로 성공하는 선수도 있다.

팔동작에 따라 모든 메커니즘이 바뀌는 걸 알 수 있다.

가장 기본은 축족의 회전과 자유족 스트라이드 이후 발끝이 닫히는 일반적 스탠스를 사용하지만 왼팔이 펴지는 상황에서 이와 같은 스탠스 스트라이드 동작을 하게 된다면 몸쪽 공과 바깥쪽 공에 대한 대처 타이밍과 변화구에 대한 대처가 처음부터 불편한 자세가 된다.

1번 스타일의 경우 박석민 선수를 예로 들 수 있다.

파워포지션에서 왼팔은 완전히 펴서 나오는 형태이다.

반면 그로 인하며 왼발이 급격히 뒤로 빠져주고 오른발 축족을 고정하는 방식으로 투수의 모든 구종에 대처하는 테크닉을 구사한다.

보편적인 메커니즘과는 다르게 축족과 자유족의 역할이 반대되는 형식으로 축족의 무릎을 잘 이용해야 하며 자유족은 오픈 슬라이스 형식이 된다.

항상 왼쪽 벽을 만들라고 하지만 이 경우는 반대가 된다.

왼쪽 벽이 아닌 (오른쪽) 축족이 벽의 역할을 대신하게 된다.

이동과정에서 팔꿈치가 구부러질수록 왼쪽 벽을 고정할 수 있고 왼팔이 펴질수록 왼쪽 벽보다는 미리 왼쪽이 오픈되면 오른쪽 몸쪽에 대한 의존도가 높아진다. 자신의 스타일에 따라 알맞은 배트가 잘 나오는 스탠스를 갖는 게 중요하다. 1번과 2번의 스타일에 따라 회전하는 발과 고정되는 타자의 역할이 바뀐다.

양의지 선수가 2번 스타일에 속한다.

팔꿈치를 구부려 이동하므로 몸에 붙여 나오는 스윙이 가능하면 왼발이 살짝 오픈되기는 하지만 오른발 축족의 회전을 극대화하며 왼발은 고정되면서 타격이 끝날 때 까지 하체 움직임이 고정되는 스타일이고 모든 구종 코스의 폼에 반응이 용이하다.

몸쪽 볼이 오더라도 가능하다.

두 선수는 타격이 끝난 이후 확연한 차이를 보이게 된다.

양의지 선수의 경우 고정된 자세와 회전, 박석민 선수의 경우 왼쪽 발이 완전히 오픈되며 타석 안에서 이동이 상당히 많은 것을 알 수 있다.

연습과정이나 여러 가지 성장과정에서의 연습이 이 두 선수의 메커니즘을 만들었다고 할 수 있다. 결과적으로 배트의 이동에 따라 타격 스타일은 정반대의 메커니즘이 되는 것이다.

왼팔 사용

예전의 일이지만 왼손이 리드가 되고, 오른손이 파워라고 했던 시기가 있다.

오른손은 단지 거들뿐이다. 다만 좋지 않은 타이밍, 좋지 않은 자세일 때 오른손의 활용이 중요할 수는 있다.

하지만 정상적인 타격에서 오른손을 쓴다면 과도한 팔의 사용이 집중된 스윙이 된다. 통상적으로 이러한 상황에서도 아웃인 스윙이 된다. 오른손의 사용보다는 왼손 스윙이 기본이 되어야 히팅포인트가 앞쪽, 즉 투수쪽으로 보다 편하고 파워있는 타격을 할 수 있다. 타격은 몸의 정면이 아니라 투수가 있는 옆쪽으로 한다. 그러므로 투수 쪽에 있는 팔의 사용이 많을수록 짧고 빠른 타격 포인트를 만들 수 있다. 타격의 기준점은 왼손, 즉 투수 쪽 손에 있기 때문에 보다 빠르고 간결한 스윙 타격에서 앞쪽 손과 뒤쪽 손의 활용은 모든 메커니즘의 변화를 만든다.

쉽게 생각해서 앞쪽 손이 움직이는 쪽이 보다 편하고 빠르다. 뒤쪽 손이 중심이 되면 팔보다는 몸이 움직여야 팔이 앞으로 나온다. 사람의 몸은 모든 부위가 연관성이 있다.

뒤쪽 손이 중심이 되는 시기부터는 몸통이 돌아야 하고, 몸통이 돈다면 팔 또한 배트가 나오기 전에 돌아야 하며, 그 이유로 가장 중요하다는 몸의 벽이 무너지기 시작한다. 반면 왼손이 중심이 되는 움직임은 몸통이 고정되고 움직이지 않아도 히팅포인트까지 배트가 이동할 수 있다.

왼손이 중심이 되는 스윙은 스윙 아크를 크게 한다. 배트를 끝까지 투수 쪽으로 뻗을 수 있으면 흔히 말하는 배트를 던지는 스윙 또한 아크가 타원형을 이루며 투수 쪽으로 길어지는 스윙을 하게 된다. 타원형이며 큰 아크를 가진 타자들은 아크가 크기 때문에 유인구라든지 생각지 못한 공이 왔을 때의 대처나 순간적인 변화에도 쉽게 대처가 가능하게 된다. 아치가 큰 장점은 장타가 많이 나온다는 것이다. 뿐만 아니라 각각 다른 무게의 배트와 다른 길이의 배트를 사용한다.

투수가 던지는 공의 무게가 길이를 실을 수 있기 때문에 같은 무게와 길이의 배트를 쓰는 타자에 비해 보다 멀리, 빠르고 정확하게 타구를 생산하며 타격의 전반적 기록 또한 월등히 차이를 만들 수 있다. 반대로 뒤쪽 손이 중심이 되는 상황이라면 몸통이 돌고, 감아 들어오는 스윙이 된다. 결국 당겨서 쳐야 하는 상황이 될 뿐 아니라 스윙 스피드 아크 정확성의 모든 부분이 약하게 된다. 아크의 차이 비거리가 대비되고 파울이 많아진다.

파울이 많다는 건 볼카운트에 영향을 받을 뿐만 아니라 투수의 구종에 대한 모든 부분에 대해 적응은 물론 대처가 어렵다는 의미이다. 대처가 안 된다면 공략이 어렵고 결국 타석에서 공격적인 성향이 아닌 수비적인 소극적 상황을 보이게 된다. 가운데 몰리는 포심 이외의 공엔 전혀 대응이 안 되다 보니 전체적인 수치가 낮아지는 타자가 될 가능성이 높다.

전체적으로 벽이 무너지며, 투수의 공에 전혀 힘을 싣지 못하고 전반적으로 자세가 무너진다. 더불어 회전이 안 된다. 타격에서는 회전이 중요하다. 그렇다면 전체 회전이 안 되는 타격은 절대적으로 금해야 하는 부분이다.

타격은 한 가지 요인으로 인하여 모든 부분이 얽혀 있다.

그렇기 때문에 한 가지 자세의 설명으로 다른 부분에서의 언급이 다시 중복되기도 한다.

뒤쪽 손 사용으로 회전이 안 되기도 하고, 스윙 시작 때 왼손이 펴지면서 오른손을 뒤쪽 손으로 사용하기도 한다. 몸통이 먼저 돌기 시작하면 앞쪽 손이 펴지고 뒤쪽 손 사용이 많아지는 여러 가지 상황이 연결되기 때문에 같은 이유와 같은 맥락으로 사용된다.

임팩트

임팩트는 공이 맞는 순간이다.

임팩트에 힘이 전달되어야 타구에 힘을 싣고 비거리를 늘릴 수 있다. '손목이 들어갔다, 힘이 실렸다, 체중이 실린 타구다' 이 모든 것들이 임팩트와 관련된 표현들이다.

과연 임팩트를 제대로 하고 있는가?

현시점에서 과연 임팩트 시 배트의 스팟이 볼에 대한 임팩트가 되는가?

이 부분을 체크해야 한다.

파워포지션 배트 이동, 그 이후 임팩트, 모든 메커니즘이 이어진다고 봤을 때 앞쪽 손이 펴진 상황에서 몸통의 회전이 이어진다면 배트의 각도와 몸통의 이동으로 인해 몸 밖에서 임팩트가 발생할 가능성이 높다. 임팩트가 몸 안쪽에서 이루어지더라도 손목이 회전하는 순간 임팩트가 이루어져야만 진정한 임팩트라 할 수 있고 흔히 말하는 체중이 실리고 손목이 들어갔다고 표현할 수 있다.

앞쪽 손 팔꿈치를 몸안에서 회전해야 배트 끝 부분이 임팩트 포인트로 이동이 가능하다.

항상 배트 손잡이가 먼저 나오고 손이 완전히 펴진 상황에서 뒤쪽 손을 이용해서 배트 끝을 히팅포인트로 이동시키는 과정들이 이론상으로는 가능하다고 보지만 몸과 팔 스윙이 같이 움직이는 과정에서는 몸 안쪽에서 회전되지 않으므로 정확한 임팩트가 불가능하다고 할 수 있다.

앞쪽 손 팔꿈치의 움직임

격투기에서 암락(키락)이 걸리는 느낌을 생각하면 좋을 듯하다. 이런 모양들은 이전 타격 이론과는 다른 모양이다. 타격은 궁극적으로 팔의 움직임이나 손의 모양으로 치는 과정이 아니다.

결과는 배트가 공을 맞히고 배트가 공을 치는 것이다. 배트가 공을 치기 위해서는 팔이나 손의 움직임이 필요하다. 손의 모양이 좋은 것보다, 손의 움직임이 일반적인 것보다 배트의 움직이는 모양이 좋아야 하며, 배트의 움직임이 공을 칠 수 있는 움직임을 열봐야 한다.

공이 맞고 나서 손목이 들어가고 임팩트가 생기는 과정은 사람의 순발력으로 만들 수 없다. 배트가 돌고 회전이 되는 순간 공이 임팩트되어야만 정확한 타격, 정확한 임팩트 순간에 파워가 실린 스윙을 만들 수 있다. 많은 실수의 과정 중의 한 부분이 여기에 있다고 생각한다.

[그림 1] 손이 먼저 나오는 스윙

[그림 2] 팔꿈치가 도는 스윙

[그림 1]의 경우가 보편적인 야구 이론의 스윙이다.

결국 사람의 몸은 생각처럼 움직이지 않으며, 생각처럼 사람의 몸 또는 운동능력 또한 따라 주지 못한다.

[그림 1]의 마음과 생각으로 타격을 하게 된다면 결국 파울 타구를 만드는 타격과 타구 각도가 될 수 있다.

한 타석에서 많은 공을 볼 수 없고, 많은 기회가 없다면, 파울 각도로 치는 것은 그 효율성이 많이 떨어진다.

다시 말해서 좋은 타격을 위해서는 밀어 쳐야 한다는 이론에서 기인한 것이다.

흔히 듣는 이야기지만 배트 끝이 남아 있어야 마지막까지 공을 칠 수 있다는 이론인 것이다.

이것이 틀린 얘기는 아니지만 시각을 바꿀 필요가 있다.

애초에 좋은 타구를 만들 생각이라면 좋은 타이밍과 좋은 각도의 임팩트가 필요하다.

찰나의 순간의 타격이라면 공이 맞고 나서 임팩트를 주고 배트에 맞는 공을 밀어내는 과정은 생각으로 되는 게 아니라 맞고 나서 생각해야 하는 과정들이다.

타자의 생각과 몸의 반응은 다르다고 본다. 그렇기 때문에 [그림 2]의 각도로 공을 맞춘다고 했을 때 보편적으로 우리가 아는 각도에서 공이 맞을 것이다. 한편 이러한 각도로 공을 맞추면 타구 방향이 모두 당겨칠 거라 생각하지만 필자는 정반대의 결과가 나오는 것을 확인했으며 다수의 실험이나 연습, 레슨 과정에서 확인된 상태이다. 이 과정 또한 인 아웃 스윙의 일반적 과정이며 임팩트를 만드는 가장 근접한 과정이기도 하다. 특히 앞쪽 손 팔꿈치의 활용으로 인해 몸쪽뿐 아니라 바깥쪽 볼 또는 변화구 임팩트에 좋은 결과를 만들어낸다.

과거의 야구에서 아웃코스는 밀어 친다는 표현을 많이 했다. 하지만 현대야구에서는 밀어 친다 보다 때린다는 표현이 적절하다.

임팩트 시 손목

손목의 움직임은 돌린다는 개념이지만 그냥 손목을 돌리기만 한다면 파워스윙이 된다.

또한 돌려 맞는 상황이 벌어진다. 임팩트를 줄 수 있는 손목 움직임은 배트 끝을 투수 쪽으로 눌러준다는 느낌이다. 배트 끝을 투수 쪽으로 찌른다는 생각을 한다면 쉽게 이해될 것이다. 그 이후 팔로스로우를 만든다.

사실 연습과정에서 팔로스로우를 생각한다면 좋은 밸런스를 유지하기 힘들다. 팔로스로우로 인해 하체의 밸런스나 스윙 전체에 밸런스가 깨질 수 있으며, 마지막까지 하체 밸런스를 유지하기 힘들어진다.

팔로스로우와 임팩트는 별개의 동작이라고 생각된다.

경기에서는 어차피 팔로스로우까지 스윙이 이루어지겠지만 연습에서 공을 맞춤과 동시에 다시 공이 맞기 이전으로 공을 치는 연습을 하면 임팩트 파워와 스윙 스피드를 향상시킬 수 있다.

스윙 전체가 빠르기보다는 공이 맞는 임팩트 순간의 스피드가 중요하며 그전 일련의 동작으로 손의 악력이 스윙 스피드와 공이 맞는 임팩트 순간에 배트의 파워를 극대화시킬 수 있다.

이때 오른 손의 역할이 중요하다. 앞에서도 얘기했지만 왼손은 리드, 오른손 파워는 잘못 이해했을 경우 스윙이 감기는 부작용을 초래하게 된다.

왼쪽과 오른쪽 전완근이 같이 붙어 있다면 오른손의 과도한 힘으로 인해 스윙 전체의 밸런스가 깨지진 않는다. 단지 오른손은 거들 뿐이다.

경기에서 프로선수 중 일부의 선수들이 파울볼이 났을 때 이러한 동작들이 보인다. 이 동작이 파울이 되지 않고 정타가 됐을 때는 자연적으로 팔로스로우까지 이어진다.

경기 때 영상으로는 뒤쪽 손의 팔꿈치가 옆구리에 붙어 나온다.

이 동작은 지극히 자연스럽다. 하지만 선수가 준비하는 과정 또한 자신의 이미지 트레이닝에서는 앞쪽 손의 팔꿈치를 옆구리에 붙이며 팔꿈치를 찍어야 한다.

이것은 뒤쪽 손이 앞으로 나올 수 있도록 시간적 또한 신체 밸런스에서 자연스럽게 나올 수 있는 동작이다.

이 동작이 있어야 히팅포인트에서 배트 끝, 즉 스윙 스팟이 힘을 뻗어내는 동작에서 히팅포인트를 지날 수 있고, 두 손의 전완근에 붙어 있어야 뻗어지는 스윙, 임팩트 시에 리턴할 수 있는 밸런스가 갖춰진다. 가끔 야구 또한 타격 이론에 맞는 면적의 필요성에 대한 이야기를 한다. 모든 이론이 틀린 부분은 없다고 하지만 맞는 면적이라는 이론은 뒤쪽 손의 팔꿈치는 붙는 스타일, 즉 경기 때 나오는 스윙 메커니즘이다.

맞는 면적을 만드는 메커니즘으로 트레이닝한다면 경기까지 가는 여러 단계의 트레이닝을 거쳐 결국 경기에서 원하는 스윙 메커니즘을 완성하기는 어렵다.

간혹 연습 때 자세와 경기 때 자세가 끝까지 연결되는 선수들도 있다. 하지만 그런 선수의 비율은 극히 일부분에 지나지 않다. 95% 이상의 선수들은 연습과 경기 때의 자세가 맞는 면이 많아지는 메커니즘을 만들기 위해 보다 간결한 스윙, 앞쪽 손을 위한 스윙을 해야 한다.

야구를 하면서 적어도 한 번 이상은 들어봤을 법한 이야기가 있다.

허리가 제대로 돌았다, 허리가 잘 들어갔다.

필자도 어릴 적 많이 들었던 이야기이고, 그런 자세를 느끼기 위해 많은 시도를 해 왔다.

하지만 허리의 움직임이 많을수록, 과도하게 허리의 회전을 중심으로 스윙을 했을 때 하체 밸런스 중심이 무너지는 경우가 많았고, 끝까지 왼쪽 벽을 형성하지 못했다.

물론 앞쪽 발끝도 끝까지 버티지 못했으며, 그 여파로 상체 배트 스윙도 밸런스가 깨졌다.

결국 몸 전체의 중심은 허리인 것이다.

허리의 움직임은 따로 독립된 신체의 움직임이 아니기 때문에 허리의 회전은 몸의 모든 부분의 움직임에 영향을 주며, 스윙에 방해적 요소가 될 가능성이 높다.

허리보다는 다리의 회전, 다리와 발의 회전

허리가 회전하는 방식은 몸이 들리는 경우가 많다. 전체적인 밸런스가 들리게 되면 힘의 전달이나 스피드, 컨택 모든 면에서 방해 요소가 된다.

밸런스를 생각한다면 축족의 회전이 중요하다. 허리가 아닌 다리가 회전하기 때문에 전체적인 중심이 낮아진다. 낮아지는 중심에서 좋은 밸런스의 스윙이 나온다. 다리의 회전에 대한 비중을 너무 소홀히 생각하는 경우가 많다.

여기에서 많은 실수와 실패들이 생성된다. 축족의 회전은 밸런스뿐만 아니라 배트 스피드, 파워, 타이밍에 가장 중요한 역할을 한다. 여기에 또 한 가지 오류가 있다. 레그킥과 토우 스텝, 축족의 회전과 자유족의 회진이 있다.

보통은 토우 스텝을 하게 되면 컨택이 정확하고, 변화구 대처에 유리하며, 변화구가 약한 선수들이 마지막으로 선택하는 방법이 토우 스텝이라 생각한다.

변화구나 타이밍은 스텝에서 좌우되지 않는다. 레그킥으로 변화구 잘 치는 선수가 더 많다.

또한 토우 스텝으로 변화구와 컨택되지 않는 선수도 많다. 결국 왼쪽벽과 회전이다.

회전에서는 허리, 자유족, 축족

허리 회전은 자유족이다. 자유족이 회전한다는 건 일단 원 타이밍이 지나면 모든 밸런스가 무너진다는 것이다. 토우 스텝과 레그킥에서 두 가지 스텝이 있다.

토우 스텝에서도 자유족이 회전한다면 변화구에 약하고 컨택에 약해진다.

KT의 문상철 선수와 한화의 김태균 선수를 예로 들어 보자.

두 선수의 타격 자세를 보면, 문상철 선수는 자유족 회전이고, 김태균 선수는 축족 회전이다.

문상철 선수는 아직 변화구 컨택에서 완성되지 못한 상태이다. 앞서 말했듯이 변화구 때 밸런스가 무너지는 상황이 많아진다.

김태균 선수는 정확성과 파워를 겸비했다. 타고난 피지컬도 무시할 수 없다. 하지만 김태균 선수의 경우는 피지컬과 힘으로 치부하기에는 너무나 뛰어난 밸런스다.

이 역시 축족 회전이 기본이기 때문에 변화구 적응 컨택도 축족 회전의 회전력으로 파워 또한 갖추고 있다.

김태균 선수의 경우 투스트라이크에 몰린 상황에서 가장 안정적인 타격을 하며 유인구에 속는 빈도수가 가장 적다고 할 수 있다.

레그킥

현대야구에서는 홈런과 타점, 타율, 출루율 모든 분야에서 레그킥 스타일의 선수들이 대세를 이룬다. 파워가 있고 배트 스피드 천재성이 아닌 축족이 회전하는 메커니즘이라서다.

축족을 회전하는 이점을 가진 선수들은 공격적인 부분에서 우위를 차지한다.

KIA 박찬호 선수의 경우 레그킥을 하고는 있지만 축족보다는 자유족이 회전하는 메커니즘이기 때문에 컨택, 변화구, 파워 모든 면에서 선수 본인의 운동능력보다는 떨어지는 타격 능력을 나타낸다.

문상철, 박찬호 선수의 예를 들어 보아도 레그킥과 토우 스텝 두 가지 스타일의 대표적 형태의 스윙을 하는 두 선수가 공통적인 부분에서 회전축이 큰 부분을 차지한다는 것을 알게 된다.

문상철 선수는 컨택과 변화구 대처를 위해 선택한 토우 스텝에서 본인이 생각한 성과를 나타내지 못했으며, 박찬호 선수는 파워를 위해 레그킥을 선택했지만 운동 능력에 비해 회전력이 전혀 일어나지 않았기 때문에 생각했던 장타나 비거리가 향상되지 않았다.

회전축과 스윙 아크

배팅에서 중요한 부분이다. 스윙 시에 회전축에 의해 스윙 아크의 변화가 생긴다.

스윙 아크는 회전 시 원을 그리는 스윙이다.

타원형을 그리느냐에 따라 타구 비거리 또한 투수의 유인구에 대한 대처, 좀 더 긴 히팅포인트를 만든다. 총칭해서 투수 쪽 발을 자유족, 포수 쪽 발을 축족이라 한다.

야구 타격에서 회전축은 자유족 회전과 축족 회전 두가지로 나뉜다. 두 발이 동시에 회전할 수는 있지만 만약 두 발이 동시에 회전한다면 병을 딸 때 회전이 안 되고 헛도는 느낌이 두 발이 같이 회전할 때라 할 수 있다.

자유족 회전인지 축족의 회전인지에 따라 타격 메커니즘의 변화, 스윙 아크의 변화가 나타난다.

자유족 회전을 살펴보면 자유족의 움직임이 주가 된다면 아마 오픈 스탠스일 가능성이 높고 열린 스탠스에서 축족의 움직임은 최소화할 것이다.

국내에서는 박석민과 터커 선수를 들 수 있으며, 축족의 회전 없이 축족 무릎의 활성화가 최대치가 될 것이다. 그로 인한 팔로 스로우가 간단해질 것이며 이 상태의 스윙에서는 당겨 치는 스타일보다는 밀어 치는 스타일에서 좋은 타구가 많이 나온다.

일본의 오치아이 에이지, 기요하라 가즈히로 선수를 예로 들 수 있다.

축족의 회전 앞 스타일과 달리 축족 회전은 상당히 예민한 부분이 있다.

온전히 축족의 회전이 있어야 한다. 축족이 끝까지 회전하지 않고 중간에 멈춘다면 그와 동시에 자유족의 회전이 시작된다. 그렇게 된다면 전체적인 하체 밸런스가 깨지게 된다. 예를 들어 병뚜껑이 고장나서 헛도는 느낌이다.

하체가 헛돌기 시작하면서 하체 회전 이후 상체 배트 스윙으로 이루어진다.

과정들이 어긋나 배트 스피드가 저하된다. 여러 단계에서 언급한 것처럼 자유족 라인이 고정되지 않으면 모든 과정들이 어긋나기 때문에 좋은 스윙으로 연결되기 힘들다.

결국 스윙이 타격 이후 팔로스로우까지 이어지면, 그 과정이 끝날 때까지 앞쪽 발이 고정되어 받침대 역할을 해주어야 하는 것이다.

변화구

빠른 볼 타격과 달리 변화구 타격은 많은 타자들이 어려워하며 야구 인생을 마무리할 때까지 가장 어려운 단계이다.

많은 선수들이 뛰어난 재능과 피나는 노력에도 불구하고 변화구에 대한 타격으로 인해 야구생활을 이어가지 못한다. 결국 좋은 재능임에도 변화구를 치기 위해 본인의 장점과 재능을 버리고 오로지 변화구를 치기 위한 타격 자세, 메커니즘으로 진로를 변경하는 경우와 확실한 자신만의 이론 적립 없이 타격 메커니즘을 만들면 지치는 경우가 많다.

변화구 타격 자질이란 부분은 각자 타자별로 운동 능력, 타격 능력, 재능, 연습 방법 등 여러 가지 요인으로 인해 그 결과가 달라진다. 결국 타이밍이며, 기다림이다.

변화구가 빠르다는 느낌 때문에 못치는 선수는 없을 것이다. 결국 빠른 볼이라는 포심의 존재감 때문에 변화구의 두려움이 생기는 것이다.

타자의 스윙은 직선운동과 회전운동이 공존하는 메커니즘이기 때문에 스피드 변화와 궤적의 변화, 높이의 변화에 상당히 민감할 수 밖에 없다.

그렇기 때문에 충분한 파워, 충분한 스피드, 충분한 기다림으로 인한 최적의 타이밍에서 타격이 어렵다. 그렇기 때문에 많은 선수들이 많은 시간을 변화구와 타격을 위한 시간으로 할애하는 것이라 할 수 있다.

물론 필자도 변화구에 대한 연습, 고민, 메커니즘에 대한 변화뿐만 아니라 배트의 길이나 무게까지도 조절하는 과정이 있었다.

하지만 많은 시간 변화구 타격 연습을 하였음에도 불구하고 결과적으로 경기에서의 변화구 대처에 대해 괄목할 만한 성과를 이루지 못했다.

결국 많은 양의 타격 훈련, 특히 머신을 이용한 변화구 타격 연습은 실전에서 많은 도움을 주지 못한다는 결론을 내렸으며, 많은 선수들의 실패를 보게 되었다.

주변의 정상급 타자들의 경우 많은 시간을 갖고 변화구 연습을 하지 않는다. 어릴 때부터 변화구 연습 타격을 하지 않는다. 이 선수들의 연습은 다른 선수들의 연습 과정과 큰 차이가 없다.

결국 좋은 타자, 즉 우리가 항상 부러워하고 우러러보는 정상급 선수들은 연습 과정이 아닌 자세 메커니즘에서 결정난다는 것을 알 수 있다.

앞에서도 언급했듯이 모든 동작은 항상 모든 결과와 공유된다.

특히 아주 작은 부분에서 3할인지, 2할 5푼인지 아주 극단적인 결과가 나타난다.

3할과 2할5푼은 100타수에서 5개의 안타 차이, 결국 한 시즌 500타수에서 25개, 한 시즌에 평범한 선수와 정상급 선수의 안타 차이는 풀타임 기준 25개 정도의 차이이다.

여기서 노력이나 운동 능력, 팀의 환경(팀의 환경에는 각자의 팀의 투수력에도 많은 차이가 있다. 두산, 삼성, SK, 해태의 공통점은 막강한 투수력이었다. 이 팀들에 소속된 타자들과 반대로 이 팀을 상대해야 하는 팀들의 타자들은 서로 공평한 조건이라고 할 수 없다) 등 여러 상황들을 배제하고 오롯이 타격 능력으로만 봤을 때 축족이 회전하는 선수와 자유족 오픈이지만 축족을 고정하는 선수를 보면 이 두 가지 회전에서 팔 스윙이 벌어지는 스윙, 원형이 아닌 타원형의 스윙 궤적이다.

원형이 아닌 타원형의 스윙 궤적이나 자유족의 고정과 투수 쪽 발의 라인이 고정되는지 등의 과정들은 정상급 타자들의 공통적인 메커니즘이라 할 수 있다.

축족의 회전은 중심이 뒤쪽에 남아 있는 상황, 그리고 축족이 회전하는 시간이 변화구를 기다릴 수 있는 시간적 여유을 만드는 과정이라 볼 수 있다. 두 번째 자유족 오픈 축족은 회전하지 않고 무릎으로 힘을 버티는 스타일도 결국 회전은 없지만 축족 무릎으로 버티는 기다림의 시간이 있기 때문에 따로 변화구 타격 없이 경기에서 기다림의 시간을 만들 수 있다고 본다. 굳이 변화구에 대한 연습을 한다면 느린 토스볼, 배팅볼을 치는 연습에서 축족의 회전과 기다림의 자세를 만들어 본다. 정상급 선수들의 방법을 이해하는 데 도움이 될 것이다.

하체 회전에서 주의할 점이 있다. 간혹 사타구니, 즉 양쪽 허벅지 안쪽을 빈틈없이 조여줘야 한다는 얘기가 있다. 틀린 말은 아니다. 결국 이 부분도 연습과 실전에서의 오류라고 생각한다.

연습에서 양쪽 허벅지를 조이거나 인위적인 힘으로 이러한 자세를 만든다면 과도하게 온몸에 힘이 들어가는 부작용과 왼쪽라인, 자유족 쪽 라인이 버티지 못하면서 라인이 열리고 상체와 하체의 밸런스가 무너지게 된다.

실전에서 나오는 자세는 연습 과정의 연관성은 있지만 결국 다른 자세들이 이어지면서 여러 단계 이후 실전의 자세가 이루어진다. 하체는 회전과 버팀의 기다림이지 힘을 주며 조이는 행동은 좋은 자세라 할 수 없다.

몸을 전체적으로 돌리는 선수도 이러한 맥락이다.

필자도 일본이나 메이저 선수들의 연습 과정을 많이 접하였고, 많은 일본 메이저 코치들의 지도를 접해 본 기억이 있다.

보편적으로 축족의 회전이 가장 기본적인 메커니즘이고, 이 회전이 곧 변화구에 대한 기다림이며, 빠른 볼을 칠 때의 스피드이자 파워를 만들어주는 핵심이다.

걸어 치는 타자

타격 자세를 볼 때 배트를 들고 있는 자세

모든 선수들은 배트의 길이와 무게, 배트의 모양 등 다른 스타일로 야구를 한다.

배트를 쥐는 스타일도 모두 다르다고 할 수 있다.

길게 잡는 타자, 짧게 잡는 타자

보통 배트를 길게 잡는 타자는 굉장히 힘이 셀 것이라는 생각을 하고, 반대로 배트를 짧게 잡는 선수는 힘이 약하기 때문에 짧게 잡고 끊어 친다는 선입견을 가지고 있다.

길게 잡는 타자, 길게 잡는 것도 모자라 새끼손가락이나 약지손가락에 걸고 치는 선수가 있다.

최근 초중고 선수들도 이렇게 치는 경우가 많다. 단지 힘이 좋아서라고 생각할 수 있지만 힘이 좋거나 악력이 좋아서가 아니다. 궁극적으로 배트 헤드 중심의 무게 또한 원심력을 이용한 스윙이라 할 수 있다.

무게와 원심력이 합쳐졌을 때 최대한의 파워와 임팩트를 가질 수 있는 것이다.

따라서 힘이 아니라 스윙 스타일 또한 메커니즘인 것이다.

앞서 언급한 몸에 붙이고 앞쪽 손 팔꿈치가 뻗어지는 스윙에서 나올 수 있는 메커니즘, 짧게 잡은 선수도 효과가 있지만 걸어 잡는 선수는 팔꿈치의 굽힘과 뻗음의 메커니즘 없이는 힘든 스타일이다. 작은 공간 안에서 긴 배트를 뺀기 위해서는 힘이 아닌 원심력을 이용해야 하기 때문에 몸과 배트의 공간을 최대한 좁혀야 하며, 좁은 상태에서의 이동, 즉 히팅포인트까지 그 상태를 유지하여야 한다. 그 타이밍을 유지했을 때 걸어 치는 타격이 가능하다.

짧게 잡는 타자

힘이 약해서가 아니다. 스타일의 차이일 뿐이다. 보통 순발력과 운동 능력이 상당히 좋고 자세나 메커니즘보다는 탁월한 운동 능력을 기반한 타격이지만 이 또한 절대적이지는 않다.

메커니즘의 차이나 정작 파워의 차이 때문에 짧게 잡거나 같은 스타일에서 힘을 가지고 있는 타자로서 좀 더 긴 배트를 사용하는 선수도 짧게 잡기도 한다.

보통의 선수들이 타격할 수 없는 길이와 무게이지만 짧게 잡으면서도 걸어 잡는 효과를 볼 수 있다.

롯데 손아섭, KT 조용호 선수가 대표적으로 힘이 없어서 짧게 잡는 게 아닌 스타일과 메커니즘 때문이라고 할 수 있다.